O.W. BARTH

THICH NHAT HANH

Versöhnung mit dem inneren Kind

Von der heilenden Kraft der Achtsamkeit

Aus dem Englischen von
Ursula Richard

O.W. BARTH

Die amerikanische Originalausgabe erschien 2011 unter dem Titel »Reconciliation« bei Parallax Press.

Besuchen Sie uns im Internet:
www.ow-barth.de

MIX
Papier | Fördert gute Waldnutzung
FSC® C014496

Limitierte Sonderausgabe Mai 2024

Ein Imprint der Verlagsgruppe
Droemer Knaur GmbH & Co. KG, München

Übersetzung: Ursula Richard, Kösel-Verlag in der Verlagsgruppe Random House GmbH, München 2011
Covergestaltung: atelier-sanna.com, München
Coverabbildung: © atelier-sanna.com, München (Illustrationen)
Satz: Adobe InDesign im Verlag
Druck und Bindung: GGP Media GmbH, Pößneck
ISBN 978-3-426-44741-3

2 4 5 3 1

Inhalt

Das notleidende Kind

Überall im Kosmos gibt es kostbare Edelsteine.
Und sie sind auch in jedem von uns.
Ich möchte dir eine Handvoll davon schenken, lieber Freund.
Ja, heute Morgen möchte ich dir eine Handvoll schenken,
eine Handvoll Diamanten, funkelnd von morgens bis abends.
Jede Minute unseres täglichen Lebens ist ein Diamant,
der den Himmel und die Erde enthält, den Sonnenschein und den Fluss.
Wir müssen einfach nur sanft atmen, dann wird sich uns das Wunder zeigen:
Vögel singen, Blumen blühen.
Hier ist der blaue Himmel, hier treiben die weißen Wolken,
dein allerliebster Blick, dein schönes Lächeln.
All dies ist in einem Juwel enthalten.
Du bist der reichste Mensch auf Erden
und benimmst dich doch wie ein notleidender Sohn,
bitte tritt dein Erbe an.
Lass uns einander Glück schenken
und lernen, im gegenwärtigen Moment zu weilen.
Lass uns das Leben liebevoll in unseren Armen halten
und unsere Unachtsamkeit und Verzweiflung loslassen.

Thich Nhat Hanh

Einführung: Das innere Kind

In jedem und jeder von uns ist ein kleines, leidendes Kind. Als Kinder haben wir fast alle schwierige Zeiten erlebt, und viele von uns haben Traumata erfahren. Wir versuchen oft, diese schmerzvollen Zeiten zu vergessen, weil wir uns vor künftigem Leid bewahren oder schützen wollen. Jedes Mal, wenn wir mit der Erfahrung dieses Leides in Berührung kommen, glauben wir, es nicht ertragen zu können, und wir verfrachten unsere Gefühle und Erinnerungen tief in unser Unbewusstes. Vielleicht haben wir es jahrzehntelang nicht gewagt, diesem Kind gegenüberzutreten.

Doch nur, weil wir dieses Kind ignoriert haben, bedeutet das nicht, dass es nicht da wäre. Das verwundete Kind ist immer da und sucht unsere Aufmerksamkeit. Das Kind sagt: »Ich bin hier. Ich bin hier. Du kannst mir nicht aus dem Weg gehen. Du kannst nicht vor mir davonlaufen.«

Wir wollen unserm Leiden dadurch ein Ende machen, dass wir das Kind ganz weit weg in unser Inneres schicken und uns selbst so weit entfernt wie möglich halten. Doch unser Leiden hört nicht dadurch auf, dass wir vor ihm davonlaufen, es verlängert sich nur.

Das verwundete Kind bittet um Fürsorge und Liebe, doch wir tun das Gegenteil. Wir laufen weg, weil wir Angst vor dem Leiden haben. Unser Schmerz und Kummer erscheinen uns schier überwältigend. Selbst wenn wir die Zeit dazu haben, kehren wir nicht zu uns nach Hause zurück. Wir sorgen dafür, dass wir ständig unterhalten werden – schauen Fernsehen oder Kinofilme, treffen uns mit anderen oder greifen zu Alkohol und anderen Drogen –, weil wir nicht wieder und wieder dieses Leiden erfahren wollen.

Das verwundete Kind ist da, und wir wissen es noch nicht einmal. Das verwundete Kind in uns ist Wirklichkeit, doch wir sehen es nicht. Diese Unfähigkeit zu sehen ist eine Art Ignoranz. Dieses Kind ist ernstlich verwundet worden. Es braucht unsere Zuwendung. Stattdessen wenden wir uns ab.

Ignoranz oder Unwissenheit ist in jeder Zelle unseres Körpers und unseres Bewusstseins – wie ein Tropfen Tinte, der sich in einem Glas Wasser verteilt hat. Die Ignoranz verhindert, dass wir die Wirklichkeit sehen, sie treibt uns dazu, törichte Dinge zu tun, die unser Leiden verstärken, und dies fügt dem verwundeten Kind in uns weitere Wunden zu.

Auch das verwundete Kind ist in jeder Zelle unseres Körpers. Es gibt keine Zelle unseres Körpers, in dem es das verwundete Kind nicht gäbe. Wir müssen gar nicht weit in die Vergangenheit zurückschauen, um dieses Kind zu finden. Wir müssen einzig tief genug schauen, und wir können mit ihm in Berührung sein. Das Leiden dieses verwundeten Kindes ist in uns genau jetzt im gegenwärtigen Moment.

Doch so, wie das Leiden in jeder Zelle unseres Körpers präsent ist, so sind es auch die Samen erwachten Verstehens und die Samen des Glücks, die uns von unseren Vorfahren weitergegeben wurden. Wir müssen sie nur nutzen. In uns ist eine Lampe, eine Lampe der Achtsamkeit, die wir jederzeit entzünden können. Das Öl der Lampe sind unser Atem, unsere Schritte und unser friedvolles Lächeln. Wir müssen die Lampe der Achtsamkeit entzünden, damit das Licht die Dunkelheit erhellen kann. Unsere Praxis besteht genau darin.

Wird uns bewusst, dass wir das verwundete Kind in uns vergessen haben, erwächst in uns großes Mitgefühl, und wir beginnen, die Energie der Achtsamkeit zu erzeugen. Die Übungen des achtsamen Gehens, achtsamen Sitzens und achtsamen Atmens sind Grundlage dafür. Mit unserem achtsamen Atem und den achtsamen Schritten können wir die Energie der Achtsamkeit schaffen und zu der erwachten Weisheit in jeder Zelle unseres Körpers zurückkehren. Diese Energie wird uns umfangen und heilen, und sie ist es, die das verwundete Kind ins uns heilt.

Zuhören

Wenn wir davon sprechen, mitfühlend zuzuhören, denken wir üblicherweise daran, dass wir jemand anderem zuhören. Doch wir müssen auch dem verwundeten Kind in uns zuhören. Manchmal braucht es all unsere Aufmerksamkeit. Dieses kleine Kind taucht vielleicht aus der Tiefe Ihres Bewusstseins auf und bittet um Ihre Aufmerksamkeit. Sind Sie achtsam, werden Sie seine Hilferufe hören können. In solchen Momenten sollten Sie das verwundete Kind zärtlich umarmen, statt weiter dem, was sie gerade beschäftigt, Aufmerksamkeit zu schenken. In einer Sprache der Liebe können Sie ganz direkt mit dem Kind sprechen und ihm sagen: »In der Vergangenheit habe ich dich allein gelassen, habe mich von dir abgewendet. Das tut mir sehr leid. Ich möchte dich umarmen.«

Sie können auch sagen: »Liebes, ich bin für dich da. Ich werde mich gut um dich kümmern. Ich weiß, wie sehr du leidest. Stets war ich so beschäftigt. Ich habe dich vernachlässigt, doch nun habe ich einen Weg gefunden, zu dir zurückzukehren.«

Vielleicht müssen Sie gemeinsam mit diesem Kind weinen. Sie können auch, wann immer Sie es brauchen, mit ihm zusammensitzen und atmen:

Einatmend wende ich mich meinem verwundeten Kind zu.
Ausatmend kümmere ich mich gut um mein verwundetes Kind.

Mehrmals am Tag sollten Sie zu Ihrem Kind sprechen. Nur dann ist Heilung möglich. Indem Sie es zärtlich im Arm halten, versichern Sie ihm, dass Sie es niemals mehr allein lassen werden. Das kleine Kind ist so lange Zeit allein gelassen worden. Darum müssen Sie mit der Übung sofort beginnen. Wenn Sie es jetzt nicht tun, wann dann?

Wenn Sie wissen, wie Sie wieder mit Ihrem Kind in Kontakt kommen und ihm jeden Tag für fünf oder zehn Minuten zuhören können, dann wird Heilung geschehen. Wenn Sie auf einen prächtigen Berg steigen, dann laden Sie Ihr Kind ein, mit Ihnen zu kommen. Betrachten Sie einen Sonnenuntergang, laden Sie es ein, ihn mit Ihnen zu genießen. Wenn Sie das für einige Wochen oder Monate tun, wird das verwundete Kind in Ihnen Heilung erfahren.

Mit etwas Übung können wir erkennen, dass nicht nur wir das verwundete Kind sind. Es repräsentiert möglicherweise viele Generationen. Unsere Mutter hat vielleicht ihr ganzes Leben lang Kummer gehabt. Unser Vater mag gelitten haben. Unter Umständen waren unsere Eltern nicht in der Lage, sich um das verwundete Kind in ihnen selbst zu kümmern. Wenn wir also das verwundete Kind in uns umarmen, umarmen wir gleichzeitig all die verwundeten Kinder vergangener Generationen. Diese Praxis ist nicht nur für uns, sondern für zahllose vorangegangene und zukünftige Generationen.

Unsere Vorfahren haben vielleicht gar nicht gewusst, wie sie sich um ihr inneres verwundetes Kind kümmern könnten, sodass sie es an uns weitergegeben haben. Unsere Übung besteht darin, diesen Kreislauf zu durchbrechen und zu beenden. Können wir unser verwundetes Kind heilen, befreien wir nicht nur uns selbst, sondern wir helfen damit, auch den zu befreien, der uns verletzt oder missbraucht hat. Dieser Mensch war vielleicht selbst ein Missbrauchsopfer. Es gibt Menschen, die lange Zeit mit ihrem inneren Kind praktiziert haben und die ihr Leiden haben lindern und Transformation erfahren können. Ihre Beziehungen zu Familie und zu Freundinnen und Freunden sind sehr viel müheloser geworden.

Wir leiden, weil wir noch nicht mit Verstehen und Mitgefühl in Berührung gekommen sind. Wenn wir die Energie der Achtsamkeit, des Verstehens und Mitgefühls für unser verwundetes Kind erzeugen können, werden wir weniger leiden. Durch Achtsamkeit werden Mitgefühl und Verstehen möglich, und wir sind in der Lage, anderen Menschen zu erlauben, uns zu lieben. Vorher haben wir möglicherweise allen und allem misstraut. Mitgefühl hilft uns, die Beziehungen und die Kommunikation zu anderen wiederherzustellen.

Die Menschen in unserem Umfeld, unsere Familie, Freundinnen und Freunde, haben vielleicht auch ein schwerverwundetes Kind in sich. Wenn wir es geschafft haben, uns selbst zu helfen, können wir auch ihnen helfen. Haben wir uns selbst heilen können, werden unsere Beziehungen zu anderen sehr viel angenehmer. In uns sind mehr Frieden und Liebe. Kümmern Sie sich gut um sich selbst! Ihr Körper braucht Sie; Ihre Gefühle brauchen Sie; Ihre Wahrnehmungen brauchen Sie. Das verwundete Kind in Ihnen braucht Sie. Ihr Leiden will von Ihnen anerkannt werden. Seien Sie da für all diese Aspekte. Üben Sie sich in achtsamem Gehen und achtsamem Atmen. Seien Sie achtsam in allem, was Sie tun, dann können Sie wirklich da sein, können wirklich lieben.

I Über Heilung

Die Energie der Achtsamkeit

Die Energie der Achtsamkeit ist die Salbe, die das innere Kind heilen wird. Doch wie entwickeln und kultivieren wir diese Energie? In der buddhistischen Psychologie unterscheidet man zwei Teile des Bewusstseins. Der eine Teil ist das Geistbewusstsein und der andere das Speicherbewusstsein. Geistbewusstsein ist unsere aktive Bewusstheit oder unser aktives Gewahrsein. In der westlichen Psychologie nennt man es einfach »Bewusstsein«. Um die Energie der Achtsamkeit zu entwickeln, versuchen wir, unser aktives Gewahrsein in sämtliche unserer Aktivitäten einzubeziehen und wahrhaft präsent bei all unserem Tun zu sein. Wir wollen achtsam sein, wenn wir unseren Tee trinken oder durch die Stadt fahren. Gehen wir, wollen wir des Gehens gewahr sein. Atmen wir, wollen wir des Atmens gewahr sein.

Das Speicherbewusstsein, auch Wurzelbewusstsein genannt, ist die Basis, die Grundlage unseres Bewusstseins. In der westlichen Psychologie wird es »das Unterbewusstsein« genannt. Darin sind all unsere vergangenen Erfahrungen gespeichert. Das Speicherbewusstsein ist in der Lage zu lernen und Informationen zu verarbeiten.

Oft ist unser Geist nicht bei unserem Körper. Wir sind manchmal mit unseren täglichen Aktivitäten befasst, ohne dass dabei unser Geistbewusstsein beteiligt wäre. Viele Dinge können wir allein mit dem Speicherbewusstsein erledigen, und das Geistbewusstsein kann an tausend andere Sachen denken. Wenn wir zum Beispiel mit dem Auto durch die Stadt fahren, denkt das Geistbewusstsein vielleicht überhaupt nicht ans Fahren, doch wir erreichen trotzdem unser Ziel, ohne uns zu verfahren oder einen Unfall zu haben. Das ist dem Speicherbewusstsein zu verdanken, das ganz eigenständig arbeitet.

Bewusstsein ist wie ein Haus, mit dem Speicherbewusstsein als Keller und dem Geistbewusstsein als Wohnzimmer. Geistige Gebilde oder Geistesformationen wie Wut, Kummer oder Freude ruhen in Form von Samen *(bija)* in diesem Speicherbewusstsein. Wir haben Samen der Wut, Verzweiflung, Voreingenommenheit, Angst ebenso in uns wie Samen der Achtsamkeit, des Mitgefühls, des Verstehens und so weiter. Das Speicherbewusstsein besteht aus sämtlichen Samen, und es ist auch der Boden, der alle Samen bewahrt und schützt. Die Samen verbleiben dort, bis wir etwas hören, sehen, lesen oder an etwas denken, das einen Samen berührt und uns Wut, Freude oder Kummer empfinden lässt. Dann steigt ein Samen auf die Ebene des Geistbewusstseins, unseres Wohnzimmers, und manifestiert sich dort. Jetzt nennen wir es nicht mehr Samen, sondern ein geistiges Gebilde.

Wenn jemand etwas sagt oder tut, was uns aufregt und damit den Samen des Ärgers, der Wut in uns berührt, wird dieser Samen sich in unserem Geistbewusstsein als das geistige Gebilde oder die Geistesformation *(cittasamskara)* des Ärgers, der Wut manifestieren. Das Wort »Gebilde« oder »Formation« ist ein buddhistischer Begriff für etwas, das entstanden ist, weil viele Bedingungen zusammengekommen sind. Ein Kugelschreiber ist ein Gebilde, meine Hand, eine Blume, ein Tisch, ein Haus – sie alle sind solche Gebilde. Ein Haus ist ein physisches Gebilde. Meine Hand ist ein physiologisches Gebilde. Meine Wut ein geistiges Gebilde. In der buddhistischen Psychologie sprechen wir von 51 verschiedenen Samen, die sich als 51 geistige Gebilde manifestieren können. Wut ist nur eins davon. Im Speicherbewusstsein wird Wut Samen genannt; im Geistbewusstsein geistiges Gebilde.

Wann immer ein Samen, zum Beispiel der des Ärgers, in unser Wohnzimmer kommt und sich als geistiges Gebilde manifestiert, können wir als Erstes den Samen der Achtsamkeit berühren und ebenfalls einladen, einzutreten. Jetzt haben wir zwei geistige Gebilde im Wohnzimmer. Das ist Achtsamkeit für den Ärger. Achtsamkeit ist immer Achtsamkeit, die sich auf etwas bezieht. Atmen wir achtsam, sind wir auf den Atem achtsam. Gehen wir achtsam, ist das Achtsamkeit auf das Gehen. Essen wir achtsam, ist das Achtsamkeit auf das Essen. In diesem Fall ist die Achtsamkeit eine Achtsamkeit auf den Ärger. Achtsamkeit erkennt und umarmt den Ärger.

Unsere Übung basiert auf Einsicht in Nicht-Dualität – der Ärger ist kein Feind. Sowohl Achtsamkeit als auch Ärger sind wir. Achtsamkeit ist nicht dafür da, Ärger zu unterdrücken oder zu bekämpfen, sondern um etwas zu erkennen und sich darum zu kümmern. So wie ein großer Bruder seinem kleinen Bruder hilft. Ähnlich erkennt die Energie der Achtsamkeit die Energie der Wut oder des Ärgers und umarmt sie zärtlich.

Jedes Mal, wenn wir die Energie der Achtsamkeit brauchen, berühren wir einfach diesen Samen durch unser achtsames Atmen, achtsames Gehen und Lächeln, und dann ist diese Energie bereit, die Arbeit des Erkennens, Umarmens und später des tiefen Schauens und der Transformation zu tun. Was immer wir auch tun, sei es Kochen, Putzen, Waschen, Gehen, uns des Atems bewusst sein: Wir können fortwährend die Energie der Achtsamkeit erzeugen, und dies wird den Samen der Achtsamkeit in uns stärken. Innerhalb des Achtsamkeitssamens liegt der Samen der Konzentration. Mithilfe dieser beiden Energien können wir uns selbst von Kummer und Leid befreien.

Der Geist braucht eine gute Zirkulation

Wir wissen, dass es in unserem Körper Giftstoffe gibt. Wenn unser Blut nicht gut zirkuliert, werden sie sich ansammeln. Um gesund zu bleiben, ist unser Körper damit beschäftigt, sie auszuscheiden. Ist unsere Durchblutung in Ordnung, können die Nieren und die Leber ihre Arbeit erledigen, die Giftstoffe abzubauen. Durch Massage können wir die Zirkulation des Blutes unterstützen und verbessern.

Auch unser Bewusstsein kann sich in einem Zustand schlechter Zirkulation befinden. Möglicherweise haben sich in uns Leiden, Schmerz, Kummer oder Verzweiflung sehr verfestigt; und das wirkt wie Gift in unserem Bewusstsein. Wir nennen dies auch einen inneren Knoten. Eine Massage unseres Bewusstseins besteht darin, unser Leiden und unseren Kummer mit der Energie der Achtsamkeit zu umarmen. Wenn das Blut in unserem Körper nicht gut zirkuliert, können unsere Organe nicht richtig funktionieren, und wir werden krank. Wenn unsere Psyche nicht gut zirkuliert, wird unser Geist krank. Achtsamkeit regt die Zirkulation an und verbessert sie in den verfestigten Stellen unseres Schmerzes.

Das Wohnzimmer besetzen

Unsere inneren Knoten aus Schmerz, Kummer, Wut und Verzweiflung wollen stets in unser Geistbewusstsein gelangen, in unser Wohnzimmer, weil sie so groß geworden sind und unserer Aufmerksamkeit bedürfen. Sie wollen dort auftauchen, doch wir wollen diese uneingeladenen Gäste nicht, denn es ist so schmerzlich, sie zu betrachten. So versuchen wir, ihnen den Weg zu versperren. Wir wollen, dass sie weiterhin im Keller schlafen. Wir wollen ihnen nicht gegenübertreten, und so haben wir uns angewöhnt, das Wohnzimmer mit anderen Gästen zu bevölkern. Wann immer wir zehn oder fünfzehn Minuten freie Zeit haben, tun wir alles, damit es in unserem Wohnzimmer voll ist. Wir rufen eine Freundin an. Wir greifen zu einem Buch, schalten den Fernseher an. Wir fahren weg. Wir hoffen, dass diese unangenehmen geistigen Gebilde nicht hochkommen werden, wenn unser Wohnzimmer bevölkert genug ist.

Doch alle geistigen Gebilde müssen zirkulieren. Lassen wir sie nicht hochkommen, schafft das eine schlechte Zirkulation in unserer Psyche, und die Symptome einer psychischen Erkrankung, einer Depression beginnen sich in unserem Körper und Geist zu zeigen.

Manchmal nehmen wir bei Kopfschmerzen ein Aspirin. Doch die Kopfschmerzen gehen nicht weg. Diese Art der Kopfschmerzen mag Symptom einer psychischen Erkrankung sein. Vielleicht haben wir Allergien. Wir halten das für ein physisches Problem, doch können Allergien immer auch Symptome psychischer Störungen sein. Der Arzt verschreibt uns Medikamente, aber diese unterdrücken manchmal nur weiterhin unsere inneren Knoten oder Formationen, und so verschlimmert sich unsere Krankheit noch.

Hindernisse abbauen

Lernen wir, uns vor den inneren Knoten des Leidens nicht mehr zu fürchten, beginnen wir, sie allmählich auch in unser Wohnzimmer einzulassen. Wir lernen, wie wir sie umfangen und durch die Energie der Achtsamkeit transformieren können. Wenn wir die Barriere zwischen Keller und Wohnzimmer entfernen, wird sehr viel Schmerz hochkommen, und wir werden auch ein wenig leiden müssen. Unser inneres Kind hat vielleicht große Angst und eine Menge Wut angestaut, weil es so lange im Keller bleiben musste. Es gibt keine Möglichkeit, das zu vermeiden.

Darum ist die Achtsamkeitspraxis so wichtig. Ohne Achtsamkeit wird es sehr unangenehm sein, wenn diese Samen hochkommen. Doch wenn wir wissen, wie wir die Energie der Achtsamkeit erzeugen können, ist es sehr heilsam, diese negativen Energien jeden Tag einzuladen und sie zu umarmen. Achtsamkeit ist eine starke Quelle von Kraft und Energie, die sie erkennen, umarmen und Sorge für sie tragen kann. Vielleicht wollen diese Samen aber zunächst gar nicht hochkommen, vielleicht haben wir zu viel Angst und Misstrauen, sodass wir ihnen anfangs gut zureden müssen. Nachdem wir ein heftiges Gefühl einige Male umfangen und umarmt haben, wird es als Samen in den Keller zurückkehren, aber schwächer als zuvor.

Jedes Mal, wenn Sie eine innere Formation in Achtsamkeit baden, wird der verfestigte Schmerz in Ihnen leichter. Baden Sie also Ihre Wut, Ihre Verzweiflung, Ihre Angst täglich in Achtsamkeit. Nachdem Sie diese Gefühle ein paar Tage oder Wochen lang haben hochkommen lassen und ihnen dann geholfen haben, nach unten zurückzukehren, haben Sie für eine gute Zirkulation in Ihrer Psyche gesorgt.

Die Funktion der Achtsamkeit

Die erste Funktion der Achtsamkeit ist es, zu erkennen und nicht zu kämpfen. Wir können jederzeit innehalten und unseres inneren Kindes gewahr werden. Beim ersten

Mal ist das Einzige, was wir tun müssen, das innere Kind bewusst wahrzunehmen und »Guten Tag« zu sagen. Das ist alles. Vielleicht ist das Kind traurig. Stellen wir das fest, können wir einfach einatmen und uns sagen:

Einatmend weiß ich, dass sich Kummer in mir
manifestiert hat: ›Hallo, mein Kummer‹.
Ausatmend werde ich gut für dich sorgen.

Sobald wir unser inneres Kind erkannt haben, ist die zweite Funktion der Achtsamkeit, es zu umarmen. Das ist eine sehr angenehme Praxis. Statt unsere Gefühle zu bekämpfen, kümmern wir uns gut um uns selbst. Achtsamkeit hat eine Verbündete – die Konzentration. Schon während der ersten Minuten, in denen wir unser inneres Kind wahrnehmen und zärtlich umarmen, werden wir eine gewisse Linderung erfahren. Die schwierigen Gefühle werden immer noch da sein, doch wir werden unter ihnen nicht mehr so leiden.

Nachdem wir unser inneres Kind wahrgenommen und umarmt haben, besteht die dritte Funktion der Achtsamkeit darin, unsere schwierigen Gefühle zu besänftigen und abzumildern. Und wir tun dies einfach, indem wir dieses Kind sanft halten, und schon werden wir uns wohler fühlen. Umfangen wir unsere starken Gefühle mit Achtsamkeit und Konzentration, werden wir auch die Wurzeln dieser geistigen Gebilde erkennen können. Wir werden wissen, woher unser Leiden rührt. Sehen wir die Wurzel der Dinge, wird dies unser Leiden vermindern. Achtsamkeit nimmt wahr, umarmt und lindert.

Die Energie der Achtsamkeit enthält die Energie der Konzentration ebenso wie die Energie der Einsicht. Konzentration hilft uns, uns nur auf eine Sache auszurichten. Durch Konzentration wird die Energie des Schauens kraftvoller, und so wird Einsicht möglich. Einsicht hat stets befreiende Kraft. Ist Achtsamkeit da, und wissen wir, wie wir sie lebendig halten können, wird auch Konzentration gegenwärtig sein. Und wissen wir, wie wir Konzentration lebendig halten können, wird sich Einsicht zeigen. Die Energie der Achtsamkeit befähigt uns, tief zu schauen und die Einsicht zu gewinnen, die wir brauchen, um Transformation zu ermöglichen.

Wir sind unsere Vorfahren, wir sind unsere Kinder

Ich weiß nicht, ob Sie sich an irgendetwas aus der Zeit, die Sie im Mutterleib verbracht haben, erinnern können. Wir alle sind dort neun Monate gewesen, und das ist eine lange Zeit. Ich vermute, einige von uns erinnern sich vielleicht trotzdem noch an irgendwelche Empfindungen. Haben wir damals gelächelt oder geweint? Ich glaube, wir alle hatten während der neun Monate die Möglichkeit zu lächeln. Sind wir glücklich, ist es ganz natürlich zu lächeln. Kinder lächeln im Schlaf. Es muss in ihnen etwas Wundervolles vorgehen, dass sie so lächeln.

Vielleicht ist uns aus dieser allerersten Zeit noch der Eindruck gegenwärtig, dass wir in einem vollkommen sicheren und beschützten Paradies lebten, wo wir uns keinerlei Sorgen machen mussten. Dann haben wir das Paradies in unserer Mutter verloren. Im Vietnamesischen lautet das Wort für Uterus *tu cung,* »der Palast des Kindes«.

In diesem Palast hat unsere Mutter für uns gegessen, getrunken und geatmet. Glauben Sie, dass Sie im Mutterleib von Zeit zu Zeit geträumt haben? Zu jener Zeit haben wir weder den Himmel noch Flüsse gesehen, doch in unseren Träumen tauchte vielleicht etwas davon auf. Möglicherweise sahen wir, während unsere Mutter träumte, das, was sie sah. Hat unsere Mutter etwas Unangenehmes geträumt und aufgeschrien, haben wir vielleicht auch geschrien. Lächelte unsere Mutter, lächelten wir vielleicht auch.

Unsere Mutter und wir waren so etwas wie eine Person, nicht zwei. Durch die Nabelschnur gab es zwischen uns und unserer Mutter eine körperliche Verbindung. Unsere Mutter schickte durch die Nabelschnur Nahrung, Flüssigkeit, Sauerstoff, einfach alles, auch Liebe.

Das bedeutet nicht, dass während dieser Zeit durch unseren Vater nichts zu uns gelangt wäre. Einige von uns hatten einen Vater, der wusste, dass wir da waren, und der wusste, wie er sich gut um unsere Mutter kümmern konnte, sodass sie gut für uns sorgen konnte. Einige von uns hatten einen Vater, der mit liebevoller Stimme zu unserer Mutter sprach oder der uns sanft im Mutterleib ansprach, weil er wusste, dass wir ihn hören konnten.

Einige von uns hatten eine Mutter, die gern mit uns sprach, während wir in ihr waren. Vielleicht haben wir sie gehört und ihr geantwortet. Von Zeit zu Zeit mag unsere Mutter aber auch einmal vergessen haben, dass wir da waren. Da haben wir ihr einen kleinen Tritt gegeben, um sie zu erinnern. Unser Tritt ist eine Glocke der Achtsamkeit, und wenn unsere Mutter ihn gefühlt hat, hat sie vielleicht geantwortet: »Liebes, ich weiß, dass du da bist, und es macht mich sehr glücklich.«

Bei unserer Geburt wurde plötzlich die Nabelschnur durchtrennt. Wir haben zum ersten Mal laut geschrien. Wir mussten nun allein atmen, und es war auf einmal sehr hell. Unsere Mutter hat uns weiter gehalten, aber wir waren jetzt außerhalb von ihr – und dennoch irgendwie gleichzeitig noch immer in ihr. Unsere Mutter hat uns voller Liebe umarmt, und wir umarmten sie. Obwohl die Nabelschnur nicht mehr da war, waren wir mit unserer Mutter in einer sehr konkreten und intimen Weise verbunden.

Intersein

Durch die Praxis der Meditation können wir die Schnur, die uns mit unserer Mutter verbindet, noch immer sehen. Wir sehen, dass unsere Mutter nicht nur außerhalb, sondern auch innerhalb von uns ist. Die Nabelschnur ist noch immer da. Schauen wir tief, erkennen wir, dass Nabelschnüre uns auch mit anderen Dingen, anderen Menschen verbinden. Eine Nabelschnur verbindet Sie auch mit der Sonne. Die Sonne geht jeden Morgen auf, und dank der Sonne haben wir Licht und Wärme. Ohne die Sonne könnten wir nicht überleben. Wir hängen von der Sonne ab, wie ein Säugling von seiner Mutter abhängt. Wir sind also durch eine Nabelschnur mit der Sonne verbunden. Eine andere verbindet uns mit den Wolken am Himmel, denn gäbe es keine Wolken, so gäbe es keinen Regen, und wir hätten kein Wasser zum Trinken – und keine Milch, keinen Tee, keinen Kaffee, keine Eiscreme, nichts. Eine weitere Nabelschnur verbindet uns mit dem Fluss, eine andere mit dem Wald. Mit der Zeit sehen wir, dass wir mit allem und jedem im gesamten Kosmos verbunden sind. Unsere Existenz hängt von anderen Wesen ab. Wir brauchen sowohl Lebewesen als auch Nicht-Lebewesen wie Pflanzen, Mineralien, Luft und Wasser.

Wachsen Sie heran, glauben Sie vielleicht, dass Sie und Ihre Mutter zwei verschiedene Personen seien. Aber das stimmt so nicht. Wir sind eine Erweiterung unserer Mutter. Irrtümlicherweise glauben wir, eine ganz andere Person als unsere Mutter zu sein. Doch wir sind die Fortführung unserer Mutter und unseres Vaters sowie unserer Vorfahren.

Stellen Sie sich ein Samenkorn vor, das wir in die Erde setzen. Sieben Tage später keimt es und beginnt, die Form eines Getreidehalms anzunehmen. Wächst dieser mehr und mehr in die Höhe, sehen wir das Samenkorn nicht mehr, das wir in die Erde gepflanzt haben. Doch es ist keineswegs gestorben. Es ist immer noch da. Schauen wir tief, können wir das Korn immer noch im Getreidehalm erkennen. Das Korn und der Halm sind nicht zwei verschiedene Dinge; eins ist die Fortführung des anderen. Der Halm ist die Fortführung des Samenkorns in Richtung Zukunft, und das Samenkorn ist die Fortführung des Halms in Richtung Vergangenheit. Sie sind weder identisch und ein Ding, noch sind sie zwei. Sie und Ihre Mutter sind nicht genau dieselbe Person, aber ihr seid auch nicht zwei verschiedene Menschen. Das ist eine sehr wichtige Lehre. Niemand kann allein er oder sie selbst sein. Wir müssen *intersein,* verbunden mit jedem und allem.

Schauen wir uns eine Zelle unseres Körpers oder unseres Bewusstseins an, erkennen wir darin die Präsenz sämtlicher Generationen von Vorfahren. Unsere Vorfahren sind nicht nur Menschen. Bevor es Menschen gab, waren wir andere Gattungen. Wir waren Bäume, Pflanzen, Gräser, Mineralien, ein Eichhörnchen, ein Reh, ein Affe ebenso wie ein Einzeller. All diese Generationen von Vorfahren sind in jeder Zelle unseres Körpers und Geistes präsent. Wir sind die Fortführung dieses Lebensstroms.

Stellen Sie sich vor, Sie halten ein Blatt in der Hand. Was sehen Sie? Ein Blatt ist ein Blatt, es ist keine Blume. Doch wenn wir tatsächlich tief in das Blatt schauen, können wir viele Dinge darin erkennen. Wir können die Pflanze sehen, den Sonnenschein, die Wolke, wir können die Erde sehen. Wenn wir das Wort »Blatt« verwenden, muss uns bewusst sein, dass ein Blatt aus Nicht-Blatt-Elementen besteht. Entfernen wir die Nicht-Blatt-Elemente, zum Beispiel den Sonnenschein, die Wolken und die Erde, dann wird kein Blatt übrig bleiben. Und so ist es auch mit unserem Körper und mit uns selbst. Wir sind nicht dasselbe wie andere Lebewesen und Nicht-Lebewesen, noch sind wir von ihnen getrennt. Wir sind verbunden mit allem, und alles ist lebendig.

Das Karma der Gedanken, Worte und Handlungen

Komponisten oder Malerinnen setzen oft ihren Namen unter das von ihnen geschaffene Musikstück oder Bild. In unserem täglichen Leben produzieren wir Gedanken, Worte und Handlungen. Schaffen wir einen Gedanken, so trägt er unsere Unterschrift. Unser Denken, ob es nun richtig oder falsch ist, trägt immer unseren Namen, denn es ist unser Produkt. Rechtes Denken ist ein Denken, das mit Verstehen, Mitgefühl und Einsicht einhergeht. Im täglichen Leben müssen wir sehr sorgfältig darauf achten, Gedanken zu produzieren, die mit rechtem Denken übereinstimmen. Wir haben die Möglichkeit, in jedem Augenblick unseres Lebens entsprechende Gedanken zu schaffen. Unser Denken ist die Grundlage unseres Sprechens und Handelns. Wir geben unsere Gedanken, Worte und Handlungen – also unser *karma* – an unsere Kinder und an die Welt weiter; das ist unsere Zukunft.

Auch das, was wir sagen, ist ein Produkt unserer selbst. Ob die Worte, die wir wählen, rechter oder falscher Rede entsprechen – sie tragen unsere Unterschrift. Was wir sagen, mag Wut, Verzweiflung oder Pessimismus auslösen. Mit unseren Worten können wir Schaden anrichten. Dank der Achtsamkeit können wir aber auch in jedem Augenblick in rechter Weise sprechen. Wir können uns in liebevoller Weise äußern und so unsere Unterschrift setzen, die wir an unsere Kinder und an die Welt weitergeben. Es ist eine Fortführung unserer selbst.

Unsere physischen Taten tragen ebenfalls unsere Unterschrift. Was immer wir tun, das dazu beiträgt, Leben zu schützen, das hilft, dass Menschen weniger leiden, und das unser Verstehen und unser Mitgefühl zum Ausdruck bringt, ist rechtes Handeln. Lassen Sie uns achtsam darin sein, keine Handlungen zu begehen, die Gewalt, Hass, Angst und Voreingenommenheit in sich bergen, denn auch diese Taten tragen unsere Unterschrift. Wir können nicht leugnen, dass es unsere Produkte sind; sie sind wirklich von uns gekommen. Wir schaffen uns selbst, und wir schaffen unsere eigene Zukunft. Wir müssen stets unsere besten Gedanken, Worte und Taten anbieten. Achtsamkeit hilft uns, zu wissen, ob wir für die Zukunft die richtigen Dinge schaffen, und sie erinnert uns daran, dass das, was wir schaffen, wir selbst sind, dass es unsere Fortführung ist.

Mit unseren Vorfahren gehen

Vielleicht haben wir im Alter von vier Jahren gedacht: Ich bin nur ein vierjähriges Kind, ein Sohn, eine Tochter, ein kleiner Bruder oder eine kleine Schwester. Doch tatsächlich waren wir bereits eine Mutter, bereits ein Vater. Alle vergangenen und künftigen Generationen waren in unserem Körper gegenwärtig. Wenn wir einen Schritt auf dem zartgrünen Frühlingsgras machen, gehen wir so, dass uns all unsere Vorfahren bei diesem Schritt begleiten können. Der Frieden, die Freude und die Freiheit, die in jedem Schritt liegen, werden die Generationen sämtlicher unserer Vorfahren und Nachkommen durchdringen. Wir gehen mit der Energie der Achtsamkeit, und bei jedem Schritt sehen wir, wie zahllose Generationen von Vorfahren und Nachkommen mit uns gehen.

Bei jedem Atemzug fühlen wir uns leicht, ruhig und entspannt. Wir atmen so, dass alle Generationen unserer Vorfahren und Nachkommen mit uns atmen. Nur dann atmen wir in Übereinstimmung mit den höchsten Lehren. Wir brauchen dazu nur ein wenig Achtsamkeit, ein wenig Konzentration, und dann können wir tief schauen und sehen. Zunächst können wir die Methode der Visualisierung nutzen, um alle Vorfahren zu sehen, wie sie gemeinsam mit uns einen Schritt machen. Allmählich brauchen wir sie uns nicht mehr in dieser Weise vorzustellen. Bei jedem Schritt erkennen wir, dass er der Schritt aller Menschen in Vergangenheit und Zukunft ist.

Wenn wir ein Gericht kochen, wie wir es von unserer Mutter oder unserem Vater gelernt haben, ein Gericht, dessen Rezept über Generationen hinweg in unserer Familie weitergegeben wurde, sollten wir unsere Hände anschauen und lächeln, denn die Hände sind die Hände unserer Mutter, die Hände unserer Großmutter. Alle, die dieses Gericht in der Vergangenheit gekocht haben, tun es jetzt. Beim Kochen können wir vollkommen achtsam sein; wir brauchen dazu nicht in die Meditationshalle zu gehen.

Hat Ihr Großvater früher Volleyball gespielt? Ist Ihre Großmutter jeden Tag joggen gegangen? Hatte sie die Gelegenheit, im gegenwärtigen Moment zu verweilen, während sie ging oder lief? Wenn wir laufen, sollten wir unsere Großmutter mit uns laufen lassen. Ihre Großmutter ist in jeder Zelle Ihres Körpers gegenwärtig. Wenn Sie beim Joggen, bei der Gehmeditation, bei der Übung glücklich im gegenwärtigen Moment verweilen, sind all Ihre Vorfahren bei Ihnen. Möglicherweise hatten die Menschen früherer Generationen nicht die Gelegenheit, auf diese Weise zu üben. Jetzt haben wir die Chance, ob wir nun gehen, laufen oder achtsam atmen, zahllosen Generationen von Vorfahren Glück und Freude zu bringen.

Wenn wir verzweifelt mit Fragen ringen wie: Wer bin ich? Woher komme ich? War ich erwünscht? Was ist der Sinn des Lebens?, dann leiden wir, denn wir sind gefangen in der Vorstellung eines getrennten Selbst. Doch schauen wir tief, können wir Nicht-Selbst praktizieren. Wir realisieren, dass wir kein getrenntes Selbst sind; wir sind mit unseren Vorfahren verbunden ebenso wie mit allen Lebewesen und Nicht-Lebewesen.

Westliche Psychotherapie zielt darauf ab, ein stabiles und gesundes Selbst zu schaffen. Doch kann sie, gefangen in der Vorstellung eines Selbst, nur ein gewisses Maß an Transformation und Heilung bewirken, da sie nicht weit genug geht. Solange wir der Vorstellung eines getrennten Selbst folgen, leitet uns immer noch Unwissenheit. Erkennen wir aber die enge Beziehung zwischen Selbst und Nicht-Selbst, überwinden wir Unwissenheit und Leiden und damit auch Wut, Eifersucht und Angst. Praktizieren wir Nicht-Selbst, sind wir imstande, über die Probleme hinauszugehen, die Menschen so viel Leid bereiten.

Wir sind eine Fortführung unzähliger Generationen im Lebensstrom. Vielleicht konnten unsere Eltern uns nicht wertschätzen, doch unsere Großeltern und Vorfahren wollten, dass es uns gibt. Sie wollten immer, dass wir ihnen nachfolgen. Mit einem solchen Wissen werden wir nicht mehr so sehr unter dem Verhalten unserer Eltern leiden. Manchmal sind unsere Eltern voller Liebe, manchmal voller Wut. Diese Liebe und diese Wut kommen nicht nur von ihnen, sondern von allen vorangegangenen Generationen. Erkennen wir das, machen wir unsere Eltern nicht länger verantwortlich für unser Leiden.

Gewohnheitsenergie

Zweck der Meditation ist es, etwas tief und eingehend zu betrachten und so dessen Wurzeln zu erkennen. Schauen wir tief in eine unserer Handlungen hinein, werden wir den Samen dieser Tat erkennen können. Dieser Samen mag von unseren Vorfahren stammen. Was immer wir tun, unsere Vorfahren tun es zur selben Zeit. Vater, Großmutter und Urgroßmutter tun es mit uns. Unsere Vorfahren sind in jeder Zelle unseres Körpers gegenwärtig. Es gibt Samen, die während Ihrer Lebenszeit gepflanzt wurden, doch es gibt auch solche, die gesetzt wurden, bevor Sie sich als dieser Körper manifestiert haben.

Manchmal tun wir etwas ganze ohne Absicht, doch auch das ist eine Tat. »Gewohnheitsenergie« treibt uns an; sie treibt uns an, Dinge zu tun, ohne uns dessen bewusst zu sein. Manchmal tun wir etwas, ohne überhaupt zu wissen, dass wir es tun. Selbst wenn wir etwas nicht tun wollen, wir tun es trotzdem. Manchmal sagen wir: »Ich wollte es gar nicht tun, aber es ist stärker als ich; ich wurde dazu getrieben.« Das ist ein Samen, eine Gewohnheitsenergie, die von vielen vergangenen Generationen zu uns gelangt sein mag.

Vieles haben wir von anderen übernommen. Durch Achtsamkeit können wir uns der Gewohnheitsenergien bewusst werden, die an uns weitergegeben wurden. Wir sehen vielleicht, dass unsere Eltern und Großeltern in ähnlicher Weise labil waren, wie wir es heute sind. Uns kann, ohne dass wir es verurteilen müssten, bewusst werden, dass unsere negativen Gewohnheiten aus diesen angestammten Wurzeln herrühren. Wir können unsere Unzulänglichkeiten, unsere Gewohnheitsenergien anlächeln. Gewahrsein gibt uns die Wahl: Wir können anders handeln. Wir können das Rad des Leidens genau jetzt beenden.

Vielleicht haben wir in der Vergangenheit manchmal beobachtet, wie wir etwas unabsichtlich taten, etwas, das wir von anderen übernommen haben mögen, und wir gaben uns die Schuld daran. Wir haben uns als individuelles, isoliertes Selbst gesehen, voller Unzulänglichkeiten. Mit Gewahrsein können wir beginnen, diese Gewohnheitsenergien zu transformieren und loszulassen.

Durch die Übung der Achtsamkeit erkennen wir, wenn wir etwas aus reiner Gewohnheit getan haben. Das ist das Erste, was Achtsamkeit uns bewusst machen kann. Sind wir dann daran interessiert, näher hinzuschauen und die Wurzel unseres Handelns zu finden, werden uns Achtsamkeit und Konzentration dabei helfen. Die besagte Handlung mag durch etwas ausgelöst worden sein, das gestern geschah, oder durch etwas, das dreihundert Jahre alt ist und seine Wurzeln in einem unserer Vorfahren hat. Werden wir uns erst einmal unserer Handlungen bewusst, können wir entscheiden, ob sie förderlich sind oder nicht, und wenn sie es nicht sind, können wir uns dafür entscheiden, sie nicht zu wiederholen. Sind wir der Gewohnheitsenergien in uns gewahr, und werden wir in unserem Denken, Sprechen und Handeln bewusster und absichtsvoller, dann transformieren wir nicht nur uns selbst, sondern auch unsere Vorfahren, die diese Samen gesetzt haben. Wir praktizieren für all unsere Vorfahren und Nachkommen, nicht nur für uns selbst, wir praktizieren für die ganze Welt.

Sind wir imstande, einer Provokation mit einem Lächeln zu begegnen, können wir dieser Fähigkeit gewahr werden, sie wertschätzen und weiter in dieser Weise handeln. Dann können auch unsere Vorfahren und Nachfahren dem zulächeln, was sie provoziert. Kann ein Mensch angesichts einer solchen Herausforderung ruhig bleiben und ihr mit einem Lächeln antworten, verbessert das die

Chancen auf Frieden in der ganzen Welt. Der Schlüssel liegt in unserem Gewahrsein für unsere Handlungen. Unsere Achtsamkeit wird uns helfen, besser zu verstehen, woher unsere Handlungen kommen.

Ursprüngliche Angst, ursprüngliches Verlangen

Als wir geboren wurden, war dies auch die Geburtsstunde unserer Angst. Während der neun Monate im Mutterleib fühlten wir uns sicher und mussten nichts tun. Es war dort so behaglich und anheimelnd. Doch unsere Geburt änderte die Situation entscheidend. Die Nabelschnur wurde durchtrennt, und wir mussten nun allein atmen. Möglicherweise war Flüssigkeit in unserer Lunge, und wir mussten sie ausspucken, damit wir zum ersten Mal einatmen konnten. Unser Überleben hing in diesem Moment von diesen ersten Atemzügen ab, und daher rührt unsere ursprüngliche Angst: Wir wollen überleben.

Als zarter, kleiner Säugling haben wir zwar Arme und Beine, doch wir können sie nicht nutzen. Wir brauchen jemanden, der sich um uns kümmert, für uns sorgt. Mit der ursprünglichen Angst entsteht auch das ursprüngliche Verlangen oder Begehren. Da ist einmal die Angst, allein gelassen zu werden, und zweitens das Verlangen zu überleben. Selbst bei Erwachsenen sind die ursprüngliche Angst und das ursprüngliche Verlangen noch da.

Angst und Begehren haben dieselbe Wurzel. Wir haben Angst zu sterben, und darum begehren wir. Wir begehren, dass jemand da ist, der uns zu überleben hilft. Wir hoffen in jedem Augenblick, dass dieser Mensch kommen und uns helfen, uns beschützen wird. Wir spüren, dass wir noch hilflos sind, dass wir nicht über die Mittel verfügen, allein zu überleben. Wir brauchen einen anderen Menschen.

Wenn wir tief in unser Verlangen hineinschauen, werden wir erkennen, dass jedes Verlangen eine Fortführung dieses ursprünglichen Begehrens ist. Weil wir aber dem inneren Kind das Begehren nicht zugestanden haben, kann unser Verlangen unmöglich befriedigt werden. Wir wollen eine neue Beziehung, eine neue Arbeitsstelle oder mehr Geld. Doch sobald wir diese Dinge haben, können wir uns schon nicht mehr an ihnen erfreuen. Verlangen folgt auf Verlangen, und wir hören nicht auf damit.

Zu wissen, wir haben genug

Der Buddha sprach über die Praxis von *samtusta,* dem Erkennen, dass wir über genügend Bedingungen verfügen, hier und jetzt glücklich zu sein. Wir brauchen gar nicht mehr. Samtusta könnte man übersetzen als »Erkennen, dass man mit wenigem zufrieden sein kann«. Kehren wir in den gegenwärtigen Moment zurück, können wir all unsere Bedingungen des Glücks in Augenschein nehmen, und wir werden wohl herausfinden, dass es mehr als genug für uns sind, jetzt glücklich zu sein. Wir müssen aufhören, Dingen hinterherzujagen, denn selbst wenn wir das Objekt unseres Begehrens bekommen, werden wir nicht lange glücklich damit sein, sondern schnell etwas anderem nachlaufen.

Fühlen wir uns sicher genug, ist es möglich, nichts weiter zu begehren, keine Wünsche mehr zu haben. Mein kleines Haus ist gut genug. Ich brauche kein größeres. Es hat viele Fenster, und die umgebende Landschaft ist so wunderschön. Wir verfügen über genügend Bedingungen, um bereits jetzt glücklich zu sein, wir müssen nicht in die Zukunft laufen, um noch ein paar mehr zu ergattern. Was wir haben, reicht für uns. Wenn wir uns einen solchen

Lebensstil erst einmal zu eigen gemacht haben, sind wir auf der Stelle ein glücklicher Mensch.

Wie können wir diese Weisheit in unser modernes Leben integrieren? Viele Leute glauben noch immer, dass wir nur dann glücklich sein können, wenn wir über viel Geld und Macht verfügen. Schauen wir uns um, können wir viele Menschen mit einer Menge Geld und Macht sehen, die aber sehr unter Stress und Einsamkeit leiden. Macht und Geld sind also nicht die richtige Antwort. Wir müssen uns selbst die Kunst des achtsamen Lebens lehren.

Gefangen in der Vergangenheit

Das Speicherbewusstsein ist wie ein Raum, in den die Filme der Vergangenheit immer wieder projiziert werden. Dort sind unsere Erinnerungen an Traumata und Leiden aufbewahrt. Im Prinzip wissen wir, dass die Vergangenheit vorbei ist. Doch die Bilder der Vergangenheit sind immer noch da, und von Zeit zu Zeit – sei es in unseren Träumen oder im Wachzustand – kehren wir dorthin zurück und erleben erneut das vergangene Leid. Wir neigen dazu, uns in Vergangenem einzuschließen. Im Prinzip wissen wir, dass die Vergangenheit nicht mehr da ist, dass unsere Erinnerungen nur ein Film sind, Bilder des Vergangenen. Doch die Filme werden weiterhin projiziert, und jedes Mal, wenn das geschieht, leiden wir wieder.

Nehmen wir an, wir schauen uns im Kino einen Film an. Im Kinosessel sitzend und den Film vorn auf der Leinwand betrachtend, glauben wir vielleicht, es sei eine wahre Geschichte. Möglicherweise weinen wir sogar. Der Kummer ist wirklich, die Tränen sind wirklich. Doch das Gezeigte geschieht nicht jetzt, es ist nur ein Film. Wenn ich Sie einlade, mit mir nah an die Leinwand heranzutreten und sie zu berühren, können wir erkennen, dass da niemand ist, nur flackernde Lichter auf der Leinwand. Wir können mit den Leuten auf der Leinwand nicht reden, können sie nicht zum Tee einladen, denn es handelt sich um eine fiktive Geschichte, nicht um etwas Reales. Und doch kann sie Kummer und tiefe Traurigkeit hervorrufen.

Es ist sehr wichtig, zu erkennen, dass das innere Kind noch immer da ist, gefangen in der Vergangenheit. Wir müssen es retten. In äußerer und innerer Stabilität setzen wir uns hin, gründen uns im gegenwärtigen Moment und sagen zu ihm: »Mein lieber kleiner Bruder, meine liebe kleine Schwester, du musst wissen, dass wir jetzt erwachsen sind. Wir können uns jetzt selbst beschützen und verteidigen.«

Angemessene Aufmerksamkeit

Wurden wir als siebenjähriges Kind missbraucht, tragen wir das Bild dieses sich ängstigenden und verletzten Kindes in uns. Hören wir etwas, das uns an unser Leiden erinnert, wird uns das automatisch wieder mit diesen alten Bildern in Berührung bringen. Viele Dinge, die wir im gegenwärtigen Moment sehen, hören und erfahren, können uns zurück zu dieser Erinnerung des Leidens führen.

Sind wir als Kind missbraucht worden, kann nahezu alles, was wir sehen oder hören, uns zurück zu den Bildern des Missbrauchs bringen. Gefühle der Angst, Wut und Verzweiflung können in uns aufkommen, wenn wir fortwährend in Berührung mit diesen vergangenen Bildern sind. Wir nennen das »unangemessene Aufmerksamkeit« *(ayoniso manaskara)*, weil es uns vom gegenwärtigen Moment weg an einen Ort alten Leidens bringt.

Es ist sehr wichtig, dass wir Wege finden, mit dem Kummer, der Angst und dem Leiden umzugehen, wenn unsere Aufmerksamkeit uns wieder zu diesem Ort und zu jenen Bildern führt.

Der Klang einer Glocke ist eine Erinnerung für uns, in unserem Denken und Sprechen innezuhalten und zu unserem Einatmen und Ausatmen zurückzukehren. Der Glockenklang kann uns von Bildern des Leidens wegführen und uns daran erinnern, unser tiefes Einatmen zu genießen, Körper und Geist zu beruhigen und zu lächeln. Steigt Leiden in uns auf, besteht unsere Übung darin, ein- und auszuatmen und zu sagen:

Einatmend weiß ich, dass Leiden in mir ist.
Ausatmend weiß ich, dass Leiden in mir ist.

Dieses geistige Gebilde zu erkennen und zu umarmen – das ist unsere Praxis. Gelingt uns das, können wir noch weitergehen. Mit Achtsamkeit und Konzentration können wir uns dem Bild zuwenden und erkennen, wodurch es entstanden ist: Ich erlebe *dies*, weil ich in Berührung mit *jenem* war.

Viele von uns können der Welt der Bilder nicht entkommen. Mit der Energie der Achtsamkeit erkennen wir, dass unser altes Leiden nur ein Bild ist; es hat keine Wirklichkeit. Wir können unmittelbar realisieren, dass das Leben mit all seinen Wundern jetzt da ist; dass es möglich ist, glücklich im gegenwärtigen Moment zu leben – und dadurch können wir die gesamte Situation verändern.

Aus Leiden lernen

Durch unsere Fähigkeit, Leiden zu verstehen, können unser Mitgefühl und unsere Liebe erwachen. Glück ist ohne Verstehen, Liebe und Mitgefühl unmöglich. Verstehen und Mitgefühl entstehen aus dem Leiden heraus. Wenn wir Leiden verstehen, dann geben wir niemandem mehr die Schuld, wir sind annehmend und mitfühlend. Von daher ist Leiden nützlich. Doch wenn wir nicht wissen, wie wir mit dem Leiden umgehen sollen, können wir im Ozean des Leidens ertrinken. Wenn wir aber darum wissen, können wir aus dem Leiden lernen.

Wir haben die Neigung, vor Leidvollem wegzulaufen. Dies ist eine ganz natürliche Neigung, Angenehmes zu suchen und Leidvolles zu vermeiden. Wir müssen unserem Geist aber beibringen, dass Leidvolles manchmal auch sehr hilfreich sein kann. Wir können sogar von der »Güte des Leidens« sprechen. Dank des Leidens beginnen wir zu verstehen. Und weil wir verstehen, können wir annehmen, können wir lieben. Ohne Verstehen und Liebe könnte es keinerlei Glück geben. Von daher hat Leiden also auch etwas mit Glück zu tun. Wir sollten uns vor dem Leiden nicht fürchten. Wir sollten imstande sein, unser Leiden zu halten und es tief zu betrachten, es zärtlich zu halten und von ihm zu lernen. Wissen sollten wir, dass wir aus dem Leiden lernen können. Die Güte des Leidens ist sehr real. Ohne Leiden gäbe es kein Glück. Ohne Schlamm gäbe es keine einzige Lotosblüte. Wenn Sie wissen, *wie* Sie leiden, ist Leiden in Ordnung. Sobald Sie diese Haltung für sich gewonnen haben, leiden Sie nicht mehr so sehr. Und aus dem Leiden heraus kann sich die Lotosblüte des Glücks öffnen.

Die Fünf Gewissheiten

Der Buddha sagte, dass wir alle die Samen der Angst in uns tragen, doch die meisten von uns unterdrücken ihn und verschließen ihn in Dunkelheit. Um uns dabei zu helfen, diese Samen der Angst zu identifizieren, zu umarmen und tief zu betrachten, gab er uns eine Übung, welche die Fünf Vergegenwärtigungen genannt wird. Diese sind:

1. *Es ist der natürliche Verlauf, dass ich alt werde.*
   Ich kann dem Altern nicht entgehen.

2. *Es ist der natürliche Verlauf, dass ich erkranken werde.*
   Ich kann dem Krankwerden nicht entgehen.

3. *Es ist der natürliche Verlauf, dass ich sterben werde.*
   Ich kann dem Sterben nicht entgehen.

4. *Es ist der natürliche Verlauf, dass alles, woran ich hänge, und alle, die mir lieb sind, sich verändern. Es gibt keinen Weg, dem Getrenntwerden von ihnen zu entgehen. Ich komme her mit leeren Händen, und ich werde gehen mit leeren Händen.*

5. *Meine Handlungen von Körper, Rede und Geist sind das Einzige, was mir gehört. Ich kann den Konsequenzen meiner Handlungen nicht entgehen.*
   Meine Handlungen sind der Boden, auf dem ich stehe.

Wir sollten uns jeden Tag etwas Zeit nehmen, jede dieser fünf Übungen zu kontemplieren, während wir unserem Atem folgen. Wir üben die Fünf Gewissheiten, damit der Same der Angst zirkulieren kann. Wir müssen ihn in unser Bewusstsein einladen, um ihn wahrzunehmen und zu umarmen. Wenn er dann wieder ins Speicherbewusstsein zurückkehrt, wird er schon kleiner geworden sein.

Laden wir den Samen der Angst auf diese Weise ein, sind wir besser dafür gerüstet, uns auch um unsere Wut zu kümmern. Wut entsteht aus Angst. Wir können keinen Frieden erfahren, wenn Angst da ist, sie wird zum Grund, in dem die Wut wachsen kann. Angst basiert auf Unwissenheit. Auch ein Mangel an Verstehen ist eine grundlegende Ursache für Wut.

Atmen, Gehen und Loslassen

Unser Atem ist ein wunderbares Mittel, um uns zu unserem Körper, unseren Gefühlen und unserem Geist zurückkehren zu lassen. Wenn wir wissen, wie wir unser achtsames Atmen nutzen können, brauchen wir gar nicht viel Zeit dafür. Wir atmen Tag für Tag, doch die meisten von uns atmen nicht achtsam, sodass wir nicht zu unserem Körper und unseren Gefühlen zurückkehren können.

Unsere Übung besteht immer darin, zum gegenwärtigen Moment, zum Hier und Jetzt zurückzukehren. Nur im Hier und Jetzt können wir das Leben tief berühren. In jedem Moment unseres täglichen Lebens auf tiefe Weise zu leben lernen – das ist unsere wahre Übung. Achtsames Atmen bringt uns stets ins Hier und Jetzt zurück. Verlieren wir unser achtsames Atmen, so verlieren wir den gegenwärtigen Moment.

Wir können auch beim Gehen, Abwaschen und Essen achtsam sein. Es gibt so viele Wege, durch die wir ins Hier und Jetzt zurückkehren und das Leben tief berühren können. Aber sie alle schließen achtsames Atmen ein. Sind wir in unserem achtsamen Atmen verankert, können wir jederzeit praktizieren. Ansonsten verpassen wir unser Leben, unser Leben, das wir nur im Hier und Jetzt leben können.

Achtsames Atmen ist die Grundlage der Achtsamkeitspraxis. Wenn wir achtsam atmen, bringen wir unseren Geist zurück zum Körper und schaffen unsere wahre Präsenz. Die Energie der Achtsamkeit beinhaltet die Elemente der Freundschaft und Herzensgüte. Wir können nicht uns oder einem anderen Menschen freundschaftlich begegnen, wenn wir nicht wahrhaft präsent sind. Wir können niemandes Freund oder Freundin sein, solange wir nicht ein gewisses Maß an Mitgefühl entwickelt haben.

Durch die Übung des achtsamen Atmens schließen wir mit unserem Körper, unseren Gefühlen, unserem Geist und unseren Wahrnehmungen wirkliche Freundschaft. Nur dann, wenn wir uns selbst wirklich zum Freund, zur Freundin geworden sind, können wir auch in schwierigen Bereichen gewisse Veränderungen bewirken. Wollen wir uns mit unserer Familie wieder versöhnen oder mit Freunden, die uns verletzt haben, müssen wir uns als Erstes um uns selbst kümmern. Wenn wir nicht in der Lage sind, uns selbst zuzuhören, wie können wir da einem anderen Menschen zuhören? Wissen wir nicht, wie wir unser eigenes Leiden erkennen können, wird es uns unmöglich sein, in unsere Beziehungen Frieden und Harmonie zu bringen.

Schmerzliche Gefühle erkennen und beruhigen

Körper und Geist eines jeden von uns ist in einem gewissen Maße krank. Die beste Möglichkeit der Heilung beginnt damit, vollkommen im gegenwärtigen Moment zu sein und in allem innezuhalten. Dann werden Körper und Geist sich selbst heilen. Schenken wir unserem Atem Aufmerksamkeit, werden unser Einatmen und Ausatmen friedvoll und entspannt. Gehen wir aufmerksam und ohne zu denken oder uns von etwas ablenken zu lassen, beginnt bereits Heilung.

Wird unser Geist von starkem Schmerz erfasst, ist es hilfreich, zu unserem entspannten und friedvollen Ein- und Ausatmen zurückzukehren. Wenn dann das schmerzliche Gefühl zurückkehrt, nehmen wir es an, wie es ist, statt uns von ihm fortreißen und aufwühlen zu lassen: Wir kämpfen nicht gegen das schmerzliche Gefühl an, denn wir wissen, dass es ein Teil von uns ist, und wir wollen uns selbst nicht bekämpfen. Schmerz, Ärger und Eifersucht sind ein Teil von uns. Kommen sie in uns auf, können wir sie dadurch beruhigen, dass wir zum Einatmen und Ausatmen zurückkehren. Unser friedvolles Atmen wird diese starken, heftigen Gefühle zur Ruhe bringen.

Wird eine Emotion ruhiger, können wir die Wurzeln unseres Leidens erkennen und sehen, dass der, der unseren Schmerz verursacht hat, ebenfalls leidet. Normalerweise glauben wir in schwierigen Situationen, wir seien die einzige Person, die leidet, und der andere sei sehr glücklich. Tatsächlich aber wird der Mensch, der uns verletzt hat, wahrscheinlich ebenfalls voller Schmerz sein und nicht wissen, wie er mit seinen starken Emotionen umgehen soll. Atmen wir mit Gewahrsein, erzeugen wir die Energie der Achtsamkeit und können Einsicht darin erlangen, wie wir mit unserem Leiden und dem des anderen Menschen mitfühlend umgehen.

Sind wir verletzt, haben wir zwei Möglichkeiten: Wir können in einer Weise denken, die unsere Wut anstachelt und auf Rache sinnt, oder wir können versuchen, uns zu beruhigen, unser Mitgefühl und Verstehen zu berühren und einen friedvollen Geist zu erlangen. Schlagen wir diesen Weg ein, sehen wir, dass auch die andere Person leidet, und unsere Wut wird sich auflösen.

Tiefe Entspannung

Ist unser Körper in Unfrieden, sind wir zu vielen heftigen Emotionen ausgesetzt, kann auch unser Atem nicht friedvoll sein. Üben wir uns in achtsamem Atmen, werden wir bemerken, dass unser Atem ruhiger, tiefer und harmonischer wird und sich Anspannungen lösen. Achtsames Atmen bringt unseren Geist nicht nur zu unserem Atem zurück, sondern auch zu unserem ganzen Körper. Wir kehren zu unserem Körper zurück und versöhnen uns mit ihm. Wir werden vertraut mit dem, was in unserem Körper geschieht, mit unseren Konflikten und dem, was wir falsch gemacht haben. Wir werden dann erkennen, was wir zu tun und zu lassen haben, um eine gute Beziehung zu unserem Körper herzustellen. Durch unser achtsames Atmen erkennen wir, dass unser Körper unser Zuhause ist. Wir können sagen:

Einatmend bin ich mir meines Körpers bewusst.
Ausatmend lächle ich meinem ganzen Körper zu.

Es ist sehr schön, unseren eigenen Körper in den Blick zu nehmen und ihm zuzulächeln. Haben wir zehn oder fünfzehn Minuten Zeit, können wir auch Tiefenentspannung als Heilungspraxis machen.

Einatmend bin ich mir meines Einatmens bewusst.
Ausatmend bin ich mir meines Ausatmens bewusst.

Wir können uns hinlegen und einfach ein- und ausatmen und die Gegenwart unseres Körpers genießen. Wir geben unserem Körper die Möglichkeit, einfach da zu sein, ohne irgendetwas zu tun. Das ist totale Entspannung, eine Übung der Liebe, die auf unseren Körper bezogen ist.

Einatmend bin ich mir meines ganzen Körpers bewusst.
Ausatmend lasse ich alle Spannungen in meinem Körper los.

Wir können mit dem Kopf beginnen und bei den Zehen aufhören. Oder wir beginnen mit den Zehen und gehen dann aufwärts. Mit vollkommener Bewusstheit erkennen wir, dass ein bestimmter Körperteil da ist. Wir nehmen ihn wahr und umarmen ihn mit der Energie der Achtsamkeit und erlauben diesem Körperteil, zu entspannen und alle Anspannungen loszulassen.

Jeden Teil des Körpers beziehen wir in die Übung des achtsamen Atmens ein:

Einatmend bin ich mir meines Gehirns bewusst.
Ausatmend lächle ich meinem Gehirn zu.

Wir können bei jedem Körperteil einen Atemzug lang verweilen oder auch zehn. Alle Teile unseres Körpers gehen wir auf diese Weise durch. Wir scannen unseren Körper mit einer Art Achtsamkeitsstrahl.

Einatmend bin ich mir meiner Augen bewusst.
Ausatmend lächle ich meinen Augen zu.

Oft ist der Bereich unserer Augen angespannt, und in dieser Übung erlaube ich ihnen, diese Spannung zu lösen. Darum ist es so gut zu lächeln, denn das entspannt unser Gesicht, und dieses Lächeln können wir zu den verschiedenen Körperteilen schicken.

Wir haben Hunderte von Muskeln in unserem Gesicht, und wenn wir wütend sind oder Angst haben, ist da oft eine enorme Anspannung. Doch wenn wir wissen, wie wir der Augen beim Einatmen gewahr werden und ihnen beim Ausatmen zulächeln können, können wir die Spannungen lösen. Unser Gesicht kann nach einem Ein- und einem Ausatmen vollkommen anders aussehen. Ein Lächeln kann Wunder bewirken. Meine Augen entspannen, und ich schicke ihnen ein Lächeln. Werden Sie Ihrer Augen einfach gewahr und lächeln Sie ihnen liebevoll zu. Unsere Augen sind so wundervoll.

Dann kommen wir zu den Ohren:

Einatmend bin ich mir meiner Ohren bewusst.
Ausatmend lächle ich meinen Ohren zu.

Wenn wir zu den Schultern kommen, üben wir:

Einatmend bin ich mir meiner Schultern bewusst.
Ausatmend lächle ich meinen Schultern zu.

Wir unterstützen unsere Schultern, sich zu entspannen und zu lockern. Gelangen wir zu unserer Lunge, umarmen wir auch sie:

Einatmend bin ich mir meiner Lunge bewusst.
Ausatmend lächle ich meiner Lunge zu.

Die Lunge arbeitet sehr schwer, und ich gebe ihr nicht genügend saubere Luft.

Einatmend bin ich mir meines Herzens bewusst.
Ausatmend lächle ich meinem Herzen zu.

Tag und Nacht schlägt mein Herz. Ich höre mit dem Rauchen und Alkoholtrinken auf, denn ich kümmere mich nun wirklich um mein Herz.

Auf diese Weise gehen wir durch den Körper, scannen ihn mit dem Licht der Achtsamkeit, erkennen ihn, umarmen ihn und lächeln ihm zu. Wir nehmen uns dafür vielleicht zehn, fünfzehn oder zwanzig Minuten Zeit. Indem wir jedem Teil zulächeln, helfen wir ihm, Spannungen zu lösen.

Kommen wir zu einem schmerzenden Körperteil, können wir dort länger verweilen und uns mehr Zeit nehmen, ihn wahrzunehmen und zu umarmen. Wir nutzen die Energie der Achtsamkeit, um ihn zu umfangen, ihm zuzulächeln und ihn darin zu unterstützen, Spannungen auflösen zu können. Bei körperlichem Schmerz erfahren wir durch die Achtsamkeit, dass es nur ein körperlicher Schmerz ist. Und dank dieser Art des Gewahrseins sind wir entspannter und können eher gesund werden.

Kein Unterschied zwischen Mittel und Ziel

Beim achtsamen Gehen sind unsere Schritte kein Mittel, um an einem Ziel anzukommen. Wenn wir in die Küche gehen, um zu essen, müssen wir nicht denken: »Ich gehe in die Küche, um mir etwas zum Essen zu holen.« Achtsam können wir sagen: »Ich genieße es, in die Küche zu gehen«, und jeder Schritt ist in sich das Ziel. Es gibt keinen Unterschied zwischen Mittel und Ziel. Es gibt keinen Weg zum Glück, Glück ist der Weg. Es gibt keinen Weg zum Erwachen, Erwachen ist der Weg.

Jedes Mal wenn wir einen achtsamen Schritt machen, ist dies ein Akt des Erwachens oder der Erleuchtung. Wir können erleuchtet sein, weil wir einen Schritt setzen. Jeder Schritt besitzt seine eigene Schönheit. Den Abwasch zu machen kann ein Akt der Erleuchtung sein. Es ist so angenehm, abzuwaschen!

Sich um schmerzliche Gefühle kümmern

Wenn Sie wissen, wie Sie sich in Achtsamkeit gut um Ihren Körper kümmern, können Sie beginnen, sich dem Bereich der Gefühle zuzuwenden. Über Gefühle zu meditieren bedeutet, sich jedes entstehenden Gefühls bewusst zu werden, ob dieses Gefühl nun angenehm, unangenehm, neutral oder gemischt ist. Bevor wir uns um die schmerzlichen Gefühle kümmern, können wir zunächst lernen, wie wir uns um die Gefühle kümmern können, die nicht leidvoll sind.

Der Buddha empfahl uns, zunächst Gefühle von Freude und Glück in uns zu schaffen, um uns so zu nähren, bevor wir mit leidvollen Gefühlen umgehen. So wie eine Chirurgin entscheiden mag, dass eine Patientin für eine Operation zu schwach ist, und ihr empfiehlt, sich zunächst etwas zu schonen und Nahrung zu sich zu nehmen, um die Operation gut zu überstehen, genauso müssen auch wir die Basis unserer Freude und unseres Glücks stärken, bevor wir uns auf unser Leiden ausrichten. Wir können mit der Freude beginnen. Freude und Glück sind in unserem Speicherbewusstsein als Samen immer gegenwärtig.

Einatmend bin ich mir des Gefühls der Freude in mir bewusst.
Ausatmend lächle ich dem Gefühl der Freude in mir zu.
Einatmend bin ich mir des Gefühls des Glücks in mir bewusst.
Ausatmend lächle ich dem Gefühl des Glücks in mir zu.

Hinter sich lassen

Wie aber lassen wir die Gefühle von Freude und Glück lebendig werden, damit wir stark genug für den Umgang mit Leidvollem sind? Als Erstes müssen wir gehen lassen, loslassen lernen. Freude entsteht aus Loslassen, Hinter-sich-Lassen.

Wir leben vielleicht in einer Großstadt wie New York, Paris oder Berlin und leiden unter dem Lärm, der schlechten Luft und dem Dreck. Am Wochenende wollen wir möglicherweise aufs Land flüchten. Es mag eine Stunde dauern, bis wir die Stadt hinter uns gelassen haben, doch das ist es wert. Auf dem Land spüren wir sofort die frische Luft, wir sehen die Hügel, die Bäume, Wolken, den blauen Himmel, und wir fühlen uns so glücklich, weil wir die Stadt hinter uns lassen konnten und nun diese Schönheit erleben.

Doch es ist wichtig zu wissen, dass wir uns diese Freude und dieses Glück nicht sehr lange bewahren können. Früher oder später zieht es uns zurück in die Stadt. Wir alle kennen das aus den Ferien: Während der ersten Tage auf dem Land sind wir sehr glücklich, doch diese Freude, dieses Glück können wir nicht über längere Zeit bewahren und aufrechterhalten. Wir beginnen, uns irgendwann unwohl zu fühlen, wollen zurück, sind davon überzeugt, dass unser Zuhause *dort* ist, unser wunderschönes Zuhause. Wenn wir also zurück in die Stadt kommen, sind wir ebenfalls voller Freude und Glück, weil wir wieder zu Hause sind ... nur um später wieder zu leiden. So geht es also hin und her, her und hin. Heutzutage haben viele Leute einen Zweitwohnsitz, sodass sie ihrer Situation immer wieder einmal für eine Weile entfliehen können, um dann zurückzukehren.

Freude und Glück sind unbeständig und vergehen. Sie müssen genährt werden, um anhaltender zu sein. Kennen wir aber die Kunst nicht, wie wir unsere Freude und unser Glück nähren können, werden sie eingehen. Nach einiger Zeit verlieren wir unsere Fähigkeit, die uns verfügbare Freude, das uns mögliche Glück zu genießen. Diese Freude, dieses Glück sind nährend und heilend, doch reichen sie nicht tief genug, um das tiefe Leiden am Boden unseres Bewusstseins zu transformieren.

Unter der Oberfläche

An der Oberfläche des Meeres herrscht Stille. Doch darunter gibt es verborgene Strömungen. Sind wir durch unsere Übung noch nicht zu dem Leiden vorgedrungen, das unsere Eltern und Vorfahren an uns weitergaben, können wir diese dünne Schicht der Stille nur für eine gewisse Zeit genießen. Von Zeit zu Zeit wird das darunterliegende Leiden auftauchen. Es reicht also nicht, sich an diese Art der Freude und des Glücks zu binden. Bei Problemen wissen wir dann oft nicht, was unser wirkliches Problem, unser tatsächliches Leiden ausmacht. Unser Leiden mag das Leiden unseres Vaters sein, das uns als Teil unseres Erbes übergeben wurde. Das Leiden, das unsere Mutter nicht transformieren konnte, hat sie womöglich an uns weitergegeben. Durch eine oberflächliche Praxis können wir nur eine oberflächliche Art von Stille, Freude und Glück erfahren. Eine solche Art der Praxis ist nicht stark und wirkungsvoll genug, um das große Leiden am Grund unseres Bewusstseins zu heilen.

Weil wir die Natur unseres Leidens nicht kennen, kann unser Bewusstsein uns nicht leuchten, damit wir das Leiden zu erkennen vermögen, das in der Tiefe unseres Unterbewusstseins verborgen liegt. Darum machen wir dieses oder jenes für unser Leiden verantwortlich. Wir glauben, andere Leute oder bestimmte Dinge seien die Ursache unseres Unglücks. In einer Familie oder Gemeinschaft lebend, denken wir vielleicht: »Meine Familie kümmert sich zu wenig um die Umwelt« oder »Die Gemeinschaft hat noch immer gewisse Vorurteile gegen Schwule und Lesben« und so weiter. Es gibt viele solcher Probleme und sozialen Fragen. Und weil wir nichts über unser tatsächliches Leiden wissen, betrachten wir sie als die Ursache unseres Unglücks. Darum müssen wir zu uns selbst zurückkehren, um unser Leiden wirklich zu erkennen und es zu umarmen. Um das zu tun, müssen wir vielleicht sogar leiden.

In Asien gibt es Bittermelone als Gemüse. Das vietnamesische Wort für bitter ist *kho*. Kho bedeutet auch Leiden. Leiden ist bitter, sie nennen es bei seinem wahren Namen. Sind wir nicht daran gewöhnt, Bittermelonen zu essen, leiden wir vielleicht, wenn wir es versuchen. In der Chinesischen Medizin geht man davon aus, dass Bitteres gut für unsere Gesundheit ist. Auch wenn das, was wir essen, bitter ist, fühlen wir uns erfrischt. Es gibt Leute, die Bittermelone in Erfrischungsmelone umtaufen möchten. Doch obwohl sie erfrischend ist, ist sie immer noch bitter. Diejenigen unter uns, die Bittermelonen essen, genießen das. Für uns schmeckt das Bittere gut: Es ist bitter, aber dennoch köstlich, und es tut uns gut.

Loslassen

Eines Tages saß der Buddha mit einer Reihe von Mönchen im Wald, als ein Bauer vorbeikam. Ihm waren die Kühe weggelaufen. Er fragte die Mönche, ob sie seine Kühe gesehen hätten. Der Buddha sagte: »Nein, hier sind deine Kühe nicht vorbeigekommen, vielleicht solltest du in entgegengesetzter Richtung nach ihnen suchen.« Als der Bauer gegangen war, wandte sich der Buddha an seine Mönche, lächelte und sagte: »Liebe Freunde, ihr solltet sehr glücklich sein. Ihr habt keine Kühe, die ihr verlieren könnt.«

Eine Übung könnte für uns sein, auf ein Stück Papier die Namen all unserer Kühe zu schreiben. Dann sollten wir genau hinschauen, um zu sehen, ob wir einige von ihnen freilassen könnten. Möglicherweise erscheinen uns diese Dinge als ganz wesentlich für unser Wohlergehen, doch wenn wir tief schauen, können wir erkennen, dass sie Hindernisse für unsere wahre Freude, unser wahres Glück sind.

Ich erinnere mich gut an einen deutschen Geschäftsmann, der sehr lachte, als er bei einem Retreat die Geschichte von den Kühen hörte, die wir freilassen können. Ich lud ihn ein, wiederzukommen, doch er sagte, dass er zu beschäftigt sei. Er wollte beruflich nach Italien reisen und hatte noch vieles zu erledigen, und so verabschiedete er sich. Am nächsten Tag sah ich ihn zu meiner Überraschung unter den Zuhörenden sitzen. Er erzählte mir, dass er bereits auf dem Weg nach Italien gewesen und dann umgekehrt sei. Er konnte eine Kuh freilassen, von der er geglaubt hatte, dass er sie festhalten müsste. Er war sehr glücklich darüber.

Achtsamkeit

Die erste Quelle von Freude und Glück ist das Loslassen. Doch ist dieses Glück, das wir durch Loslassen erreichen können, kurzlebig und oberflächlich. Die zweite Quelle unseres Glücks ist Achtsamkeit. Angenommen, wir stehen in einer Gruppe von Menschen und betrachten den

Sonnenaufgang. Ist unser Geist voll von unseren Projekten oder unseren Sorgen, von Vergangenem oder Zukünftigem, dann sind wir nicht wirklich da, um den wunderschönen Sonnenaufgang zu betrachten und zu genießen, weil es uns an Achtsamkeit fehlt. Kehren wir zu unserem Einatmen und Ausatmen zurück und üben wir uns in bewusstem Atmen, können wir unseren Geist vollkommen in den gegenwärtigen Augenblick bringen. Wir können uns selbst von der Vergangenheit, von der Zukunft, von unseren Vorhaben befreien, und unser Körper und Geist werden eins werden. Achtsamkeit hilft uns, vollkommen gegenwärtig zu sein, um den Sonnenaufgang bezeugen, ihn betrachten und vollkommen genießen zu können.

Eine Freundin ist vielleicht von weit her gekommen, um eine Tasse Tee mit uns zu trinken. Dank der Achtsamkeit wird die Zeit, die wir mit ihr verbringen, zu einer für uns unvergesslichen Zeit. Wir denken währenddessen nicht an anderes, nicht an unseren Beruf oder unsere Projekte. Wir richten unsere Aufmerksamkeit nur auf das Beisammensein mit unserer Freundin. Uns ist vollkommen bewusst, dass sie da ist, dass wir bei ihr sitzen und zusammen eine Tasse Tee genießen. Achtsamkeit lässt uns die Freude eines jeden Augenblicks tief genießen.

Es gibt einen feinen Unterschied zwischen Freude und Glück. Angenommen, wir reisen durch die Wüste, das Wasser geht uns aus, und wir leiden unter schrecklichem Durst. Auf einmal sehen wir vor uns eine Oase. Wir wissen, dass es dort Bäume geben wird und einen See, aus dem wir trinken können. Das weckt Freude in uns. Wir wissen, dass wir bald die Gelegenheit haben werden, auszuruhen und Wasser zu trinken – dieses Gefühl wird Freude genannt. Kommen wir dann zu der Oase, begeben uns in den Schatten eines Baumes, knien nieder, schöpfen Wasser mit unseren Händen und trinken es – so ist das

Glück. Freude trägt ein Element der Aufgeregtheit in sich, Glück eines der Gestilltheit.

Haben wir während der Sitzmeditation, der Gehmeditation oder der Tiefenentspannug Schmerzen, dann machen wir etwas falsch. Wir müssen nicht leiden, weil wir meditieren; es ist keine harte Arbeit. Meditation sollte uns nähren und Freude und Glück bringen. Haben wir genügend von dieser Freude und diesem Glück, werden wir stark genug sein, um mit dem Schmerz, dem Kummer und der Verzweiflung in uns umzugehen.

Zähne putzen, Frühstück zubereiten, zur Meditationshalle gehen, alles, was wir tun, jeder Schritt, jeder Atemzug sollte uns Freude und Glück bringen. Das Leben ist schon voller Leiden, wir müssen nicht noch mehr schaffen.

Den Buddha atmen lassen

Vor etlichen Jahren war ich in Seoul, der Hauptstadt Südkoreas. Die Polizei hatte alles so arrangiert, dass wir eine Gehmeditation durch die Stadt machen konnten. Als es Zeit war, loszugehen und die Gehmeditation anzuleiten, fand ich es zu Beginn sehr schwierig, da wir von Hunderten von Kameraleuten eingeschlossen waren. Es gab überhaupt keinen Platz. Ich sagte dem Buddha: »Lieber Buddha. Ich gebe es auf. Geh du für mich.« Sofort kam der Buddha und ging, und der Weg wurde deutlich.

Nach dieser Erfahrung schrieb ich eine Reihe von Übungsgedichten, die man jederzeit nutzen kann, doch besonders dann, wenn das Gehen oder Atmen zur Herausforderung wird:

Lass den Buddha atmen.
Lass den Buddha gehen.
Ich muss nicht atmen.
Ich muss nicht gehen.

Der Buddha atmet.
Der Buddha geht.
Ich genieße das Atmen.
Ich genieße das Gehen.

Der Buddha ist Atmen.
Der Buddha ist Gehen.
Ich bin Atmen.
Ich bin Gehen.

Es gibt nur Atmen.
Es gibt nur Gehen.
Niemand atmet.
Niemand geht.

Frieden während des Atmens.
Frieden während des Gehens.
Frieden ist Atmen.
Frieden ist Gehen.

Anfangs glauben wir vielleicht, es müsse da jemanden geben, damit Atmen möglich sei, es müsse da jemanden geben, damit Gehen möglich sei. Doch in Wirklichkeit sind Gehen und Atmen genug, wir brauchen keinen Geher, keine Atmerin. Wir können einfach wahrnehmen, dass Gehen geschieht, dass Atmen geschieht.

Denken Sie an den Regen. Wir sind gewohnt zu sagen, dass Regen fällt. Das ist ziemlich komisch, denn wenn es nicht regnete, dann fiele nichts herab und es gäbe überhaupt keinen Regen. Der Regen ist also selbst das Herabfallen. Wir brauchen keinen Regner. Wir brauchen einfach nur den Regen. Sagen wir, der Wind weht, ist das genauso komisch, denn wehte er nicht, wäre es kein Wind. Wir brauchen keinen Weher. »Regen« oder »Wind« ist genug. Das gilt auch für das Gehen. Was ich für den gehenden Buddha halte, ist einfach Gehen, aber es ist ein Gehen von großer Qualität. Weil dieses Gehen freudvoll ist, ist es ein achtsames Gehen voller Frieden und Freude. Der Buddha ist dieses Atmen. Der Buddha ist dieses Gehen. Denn in diesem Gehen liegt viel Frieden und Freude. Es ist ein achtsames Gehen.

Das Leiden transformieren

Was können wir tun, um unsere tiefverwurzelten Samen des Leidens zu transformieren? Es gibt dafür drei Wege.

Der erste ist, uns darauf auszurichten, die Samen des Glücks auszusäen und zu wässern. Wir arbeiten dabei nicht direkt mit den Samen des Leidens, sondern transformieren sie durch die Samen des Glücks. Das ist eine indirekte Transformation.

Der zweite Weg besteht darin, fortwährend Achtsamkeit zu üben, sodass wir die Samen des Leidens erkennen können, sobald sie erscheinen. Jedes Mal, wenn sie sich manifestieren, baden wir sie im Licht der Achtsamkeit. Unsere Samen sind ein Feld der Energie, und Achtsamkeit ist ebenfalls ein Feld der Energie. Sind diese Samen mit der Achtsamkeit in Berührung, werden sie schwächer, und die Achtsamkeit wird sie transformieren.

Der dritte Weg, mit Leidvollem umzugehen, das uns seit unserer Kindheit begleitet, liegt darin, diese Samen bewusst in unser Geistbewusstsein einzuladen. Wir laden die Traurigkeit, die Verzweiflung, unser Bedauern und unsere Sehnsüchte ein, alle Gefühle, die zu berühren in der Vergangenheit sehr schwierig für uns gewesen ist, und wir setzen uns hin und sprechen mit ihnen wie mit alten Freunden. Doch bevor wir sie einladen, müssen wir sicher sein, dass unsere Lampe der Achtsamkeit eingeschaltet ist und dass ihr Licht kontinuierlich und hell genug brennt.

Das Leiden anerkennen

Nehmen wir an, wir praktizieren Gehmeditation, um mit den Wundern des Lebens in Berührung zu kommen. Doch während des Gehens wendet sich unser Geist einem Bild aus der Kindheit zu, und Gefühle des Leids, der Angst und Verzweiflung kommen auf. Und obwohl wir gehen, genießen wir das Gehen nicht. Wir sind dabei nicht im Paradies, sondern in der Hölle. Leiden ist gegenwärtig. Der erste Schritt ist, anzuerkennen: »Leiden ist in mir.«

Einatmend weiß ich, dass Gefühle des Leids, der Verzweiflung, des Unglücks und der Angst in mir sind.
Ausatmend umarme ich diese Gefühle in mir.

Mit Achtsamkeit und Konzentration können wir zu diesem Bild zurückkehren und erkennen, wodurch es entstanden ist. »Ich erlebe dies, weil ich mit jenem in Kontakt war.« Achtsamkeit und Konzentration lassen uns auf dieses Bild mit der Einsicht reagieren, dass wir nicht länger hilflose Kinder sind. Wir sind starke Erwachsene, die in der Lage sind, sich selbst zu helfen.

Einige von uns kamen als Immigranten ins Land. Viele von uns kamen aus Südostasien als sogenannte Boat-People über das Meer, um Zuflucht im Westen zu finden. Während dieser Reise erlebten wir große Angst. Jeden Moment hätten wir ertrinken können. Wir hätten durch Haie oder Piraten getötet oder verletzt werden können. Diejenigen von uns, die auf diese Weise hergekommen sind, haben die Bilder dieser Gefahren immer noch in ihrem Bewusstsein.

Jetzt haben wir das andere Ufer erreicht und wurden als Flüchtlinge anerkannt. Wir sind auf festem Boden.

Doch manchmal vergessen wir das. Manchmal berühren wir die Bilder aus jener Zeit, und wir leiden noch immer, obwohl wir sicher sind. Jedes Mal, wenn wir mit diesen Bildern in Berührung kommen, entsteht dieses Leiden erneut. Das passiert auch dann, wenn diese Schrecken lange Zeit zurückliegen.

Viele von uns sind in der Welt der Bilder noch immer gefangen. Tatsache ist, dass es nur Bilder sind; es ist keine Wirklichkeit mehr. Während wir achtsam ein- und ausatmen, können wir zu dieser Weisheit und Einsicht gelangen. Angenommen, wir tragen immer noch das Bild des Meeres in uns, in dem wir hätten ertrinken können. Wenn wir es anschauen, spüren wir erneut Leiden und Angst. Doch können Achtsamkeit und Konzentration uns zu der Einsicht verhelfen, dass es nur ein Bild ist und nicht das Meer selbst. Im Meer können wir ertrinken, aber nicht in einem Bild.

Wenn wir uns das geistige Gebilde von Verzweiflung und Leiden anschauen, erkennen wir, dass *dies* aus *jenem* entstanden ist; das Leiden erwuchs daraus, dass wir mit einem Bild aus der Vergangenheit in Berührung kamen. Die Wirklichkeit ist, dass wir jetzt sicher und imstande sind, die Wunder des Lebens im gegenwärtigen Augenblick zu genießen. Erkennen wir, dass unser Leiden auf Bildern und Vorstellungen basiert statt auf der aktuellen Situation und Wirklichkeit, wird es uns möglich, sofort und unmittelbar im gegenwärtigen Moment glücklich zu leben, dank der Kraft von Achtsamkeit und Konzentration.

Manas

Wir haben Angst davor zu leiden, und das ist einer der Hauptgründe dafür, warum wir unser inneres Kind meiden. Zwischen unserem Speicher- und unserem Geistbewusstsein gibt es einen Bewusstseinsbereich, *manas* genannt, der uns Angenehmes suchen und Leidvolles vermeiden lässt. Manas ist die Basis unseres illusorischen Glaubens, dass wir ein eigenständiges Selbst seien. Wir leiden aufgrund des unterscheidenden und verblendeten Denkens in Manas.

Sieht ein Fisch einen ihm attraktiv scheinenden Köder vor sich, hat er den Impuls, danach zu schnappen. Er weiß nicht, dass darin ein Haken verborgen ist und er aus dem Wasser gezogen wird, wenn er hineinbeißt. Achtsamkeit lässt uns gewahr werden, dass die fortwährende Suche nach Angenehmem, nach Vergnügen Gefahren beinhaltet. Wir können die Samen der Weisheit in unserem Speicherbewusstsein entdecken, um Manas transformieren zu helfen. Das ist die Aufgabe des Geistbewusstseins.

Die sechs Eigenschaften von Manas

Manas hat viele Neigungen. Zunächst einmal ist es immer an Vergnügen, an Angenehmem interessiert. Zweitens versucht es, Leiden zu vermeiden. Drittens ignoriert Manas die Gefahren, die in der Suche nach Angenehmem liegen. Es kann unseren Körper und Geist zerstören, wenn wir sinnlichem Vergnügen hinterherlaufen. Schauen wir tief in das Objekt unseres Vergnügens hinein, sehen wir die damit verbundenen Gefahren.

Die vierte Eigenschaft von Manas ist, dass es das Gute am Leiden ignoriert. Dem Leiden wohnt etwas Gutes inne. Jeder von uns braucht ein gewisses Maß an Leiden, um erwachsen zu werden, zu verstehen und Mitgefühl, Freude und Glück zu kultivieren. Freude und Glück können wir nur vor dem Hintergrund des Leidens erkennen.

Es gibt in unser aller Leben gefährliche Momente. Wenn wir uns an solche gefährlichen Momente erinnern, können wir die Sicherheit, in der wir gegenwärtig leben, viel mehr genießen. Durch Leidvolles haben wir die Chance, Verstehen und Mitgefühl zu entwickeln. Berühren und verstehen wir Leidvolles, kann Mitgefühl entstehen.

Ich würde meine Freunde und Kinder nicht an einen Ort schicken, an dem es kein Leiden gäbe, denn dort hätten sie keine Gelegenheit, Verstehen und Mitgefühl zu erlernen und zu kultivieren. Der Buddha sagte, dass wir nichts lernen könnten, wenn wir niemals gelitten hätten. Der Buddha erlangte vollkommene Erleuchtung, weil er so viel gelitten hat. Wir müssen mit all unserem Leiden zum Buddha kommen. Leiden ist der Weg. Durch unser Leiden können wir den Pfad der Erleuchtung, des Mitgefühls und der Liebe erkennen. Schauen wir tief in die Natur unseres Kummers und unseres Schmerzes hinein, können wir den Ausweg finden. Wissen wir gar nicht, was Leiden ist, gibt es keinen Weg zum Buddha, und wir haben keine Chance, Frieden zu berühren, Liebe zu berühren. Nur weil wir gelitten haben, haben wir jetzt die Gelegenheit, den Pfad, der zu Befreiung, Liebe und Verstehen führt, zu erkennen.

Jeder von uns hat die Neigung, vor Leidvollem davonzulaufen. Wir glauben, wenn wir Vergnügen suchen, vermeiden wir Leidvolles. Aber das funktioniert so nicht. Es hemmt unser Wachstum und unser Glück. Glück ist ohne Verstehen, Mitgefühl und Liebe unmöglich. Und Liebe ist nicht möglich, wenn wir nicht unser Leiden und das anderer Menschen verstehen. Wenn wir mit dem Leiden in Berührung gekommen sind, werden wir Mitgefühl und Liebe kultivieren können. Ohne Verstehen und Liebe können wir nicht glücklich sein, und wir können auch andere Menschen nicht glücklich machen. In uns allen gibt es

Samen des Mitgefühls, der Vergebung, der Freude und Nicht-Angst. Versuchen wir fortwährend, Leiden zu vermeiden, dann können diese Samen nicht wachsen.

In Upper Hamlet in Plum Village, wo ich lebe, haben wir einen Lotosteich. Wir wissen, dass ein Lotos ohne Schlamm nicht wachsen kann. Wir brauchen den Schlamm, wenn wir den Lotos haben wollen. Wir können einen Lotos nicht auf Marmor pflanzen. Schlamm spielt für die Existenz eines Lotos eine große Rolle. Leiden spielt für die Existenz von Verstehen und Mitgefühl eine bedeutende Rolle.

Wir müssen unser Leiden umarmen und tief in es hineinschauen; wir können sehr viel daraus lernen. Kommt der Same der Angst aus der Tiefe unseres Speicherbewusstseins auf die Ebene des Geistbewusstseins, besteht unsere Praxis darin, auch den Samen der Achtsamkeit sich manifestieren zu lassen. Achtsamkeit hilft uns, wirklich gegenwärtig zu sein, um das Leiden erkennen und umarmen zu können und nicht davor wegzulaufen. Anfangs ist unsere Achtsamkeit sicher nicht stark genug, um unseren Schmerz und Kummer zu halten. Doch wenn wir praktizieren, und besonders, wenn wir eine Gemeinschaft haben, die uns darin unterstützt, wird unsere Achtsamkeit stark genug werden, um unseren Schmerz, unseren Kummer und unsere Angst zu halten.

Jeder von uns braucht eine gewisse Dosis an Leiden, um Verstehen und Mitgefühl zu kultivieren. Doch wir müssen uns nicht noch zusätzliches Leiden schaffen. Wir haben genügend in uns und um uns herum. Das Geistbewusstsein ist lernfähig, indem es das Leiden wahrnimmt und dieses Wissen an das Speicherbewusstsein weiterleitet.

Die fünfte Eigenschaft von Manas besteht darin, das Gesetz des Maßhaltens zu ignorieren. Das Geistbewusstsein muss Manas an die Weisheit der Mäßigung erinnern.

Durch achtsames Atmen können wir unserem Geistbewusstsein helfen, tief zu schauen und Manas mit all seinen Verblendungen und Täuschungen zu sehen, und zu erkennen, dass es in unserem Speicherbewusstsein einen Weisheitssamen gibt. Praktiziert das Geistbewusstsein Konzentration, dann ist das Objekt der Konzentration Intersein, wechselseitige Verbundenheit und Nicht-Unterscheidung oder Unvoreingenommenheit. Ist das Geistbewusstsein auf diese Objekte konzentriert, wird sich überraschend schnell Einsicht einstellen.

Die sechste Eigenschaft von Manas liegt darin, dass es immer versucht, sich alles anzueignen, alles zu besitzen, was es haben will. Verlangen ist einer der stärksten Impulse. Deswegen sind wir eifersüchtig und versuchen, Menschen und Dinge zu besitzen. Doch mit dem Gewahrsein des Interseins erkennen wir, dass es nichts zu besitzen gibt.

Manas transformieren

Manas können wir durch Achtsamkeit transformieren. Wir können durch achtsames Atmen unserem Geistbewusstsein helfen, tief zu schauen, Manas mit all seinen Täuschungen zu erkennen und zu realisieren, dass es in unserem Speicherbewusstsein einen Weisheitssamen gibt. Ist Manas transformiert, wird es zur Weisheit der Nicht-Unterscheidung *(nirvikalpajnana)*.

In einer kleinen Geschichte wird Nicht-Unterscheidung schön beschrieben. Es ist die Geschichte über ein Salzkorn, das wissen wollte, wie salzig das Meer ist. »Ich bin ein Salzkorn und bin sehr salzig. Ich frage mich, ob das Meerwasser so salzig ist wie ich.« Ein Lehrer kam des Weges und sagte: »Liebes Salzkorn. Die einzige Möglichkeit, die Salzhaltigkeit des Meeres wirklich zu erfahren, besteht darin, hineinzuspringen.« Das Salzkorn sprang ins Meer und wurde eins mit dem Wasser, und sein Verstehen war vollkommen.

Wir können jemanden oder etwas nicht vollständig verstehen, bevor wir nicht eins damit geworden sind. Im Französischen bedeutet das Verb *comprendre* verstehen, begreifen. Wortwörtlich bedeutet es, etwas aufzunehmen und eins damit zu werden. Fühlen wir uns von etwas getrennt, können wir nicht erwarten, es zu verstehen.

Die Übung der Meditation besteht darin, die Wirklichkeit so zu betrachten, dass die Grenze zwischen Subjekt und Objekt nicht länger existiert. Wir müssen die Grenze zwischen dem Erforschenden und dem Objekt des Erforschens entfernen. Wollen wir jemanden verstehen, schlüpfen wir in seine Haut. Damit wir Freunde oder Familienmitglieder wirklich verstehen können, müssen wir eins mit ihnen werden. Die einzige Möglichkeit, uns vollkommen zu verstehen, liegt darin, das Objekt unseres Verstehens zu werden. Wahres Verstehen geschieht, wenn wir die Barriere zwischen Objekt und Subjekt des Verstehens entfernen.

Angenommen, wir geben jemandem etwas. Dank der Weisheit der Nicht-Unterscheidung sehen wir, dass es keinen Gebenden und keinen Empfänger gibt. Glauben wir aber noch immer, es gebe einen Gebenden und die andere Person sei der Empfangende, dann ist das kein vollkommenes Geben. Wir geben, weil der andere Mensch dringend braucht, was wir zu geben haben, und dieser Akt ist sehr natürlich. Wenn wir tatsächlich Freigebigkeit praktizieren, würden wir nicht sagen: »Er ist überhaupt nicht dankbar.« Solche Ideen würden uns nicht in den Sinn kommen.

Durch die Praxis der Achtsamkeit können wir die Gegenwart von Manas in uns zu erkennen beginnen. Sind wir seiner Neigungen gewahr, können wir sie durch Achtsamkeit, Konzentration und Einsicht transformieren und die Weisheit der Nicht-Unterscheidung nähren. Wenn wir vor unserem Leiden nicht davonlaufen, sondern es erkennen, es umarmen und tief in es hineinschauen, dann beginnt sich das Leiden zu transformieren, und Befreiung und Erleuchtung werden sich manifestieren.

In unserem eigenen Leben müssen wir imstande sein, zu erkennen, was wir für unser Glück brauchen. Wir müssen auch die Bedürfnisse unserer Familienangehörigen, unserer Gemeinschaft und unserer Gesellschaft berücksichtigen. Wissen wir, was gebraucht wird, wissen wir, was zu tun ist. Wir haben ein Ziel, und nun handeln wir in einer Weise, die dazu beiträgt, dass Menschen genügend zu essen haben und in Demokratie und Freiheit leben können. Wenn wir ein Ziel haben, legen wir unser Handeln fest: die Arbeit, die wir zu tun haben, damit sich die Gesellschaft in eine positive Richtung entwickelt. Um zu entscheiden, ob unser Handeln gut oder schlecht ist, müssen wir sehen, ob es uns zu unserer letztendlichen Vision führt.

Die Weisheit der Nicht-Unterscheidung

In unserem Speicherbewusstsein gibt es einen Samen, der Manas transformieren kann – die Weisheit der Nicht-Unterscheidung. Es ist eine Grundlage für großes Leid, wenn man Unterschiede macht zwischen diesem und jenem oder dieses gegen jenes ausspielt. Es ist für das Geistbewusstsein sehr wichtig, den Samen der Weisheit der Nicht-Unterscheidung zu erkennen, der tief unten im Speicherbewusstsein liegt, und ihm bei dessen Manifestation zu helfen. Mit der Praxis des achtsamen Atmens und tiefen Schauens verhelfen wir der Weisheit der Nicht-Unterscheidung dazu, sich zu manifestieren.

Diese Weisheit ist in jedem und jeder von uns. Meine rechte Hand zum Beispiel lässt die Glocke erklingen oder schreibt Gedichte. Sie sagt aber niemals zu meiner linken Hand: »Linke Hand, du scheinst für nichts gut zu sein. Ich bin es, die alle Gedichte schreibt oder kalligrafiert.« Nein, meine rechte Hand betrachtet sich nie als der linken überlegen. Darum ist die Kommunikation und Zusammenarbeit zwischen den beiden auch so gut. Es gibt keinerlei Gefühle der Überlegenheit, Unterlegenheit, noch der Gleichheit. Vergleichen wir, sehen wir uns selbst als überlegen beziehungsweise unterlegen an, oder als jemand, der oder die versucht, gleich zu sein. Doch diese Art des Vergleichens führt zu Voreingenommenheit, und Voreingenommenheit führt zu Leiden.

Die Zellen in unserem Körper arbeiten gemeinsam, ohne die anderen zu diskriminieren. Eines Tages hielt ich in meiner linken Hand einen Nagel, in meiner rechten einen Hammer. Ich wollte ein Bild aufhängen, war aber nicht sehr achtsam. Statt auf den Nagel zu hauen, traf der Hammer den Finger. Sofort legte die rechte Hand den Hammer hin und kümmerte sich um die linke Hand, genau so als würde sie sich um sich selbst kümmern. Die linke Hand wurde nicht wütend über die rechte, denn sie verfügte über die Weisheit der Nicht-Unterscheidung. Meine rechte Hand sagte auch nicht: »Ich kümmere mich um dich, linke Hand, du musst dich daran stets erinnern.« Meine linke Hand sagte nicht: »Rechte Hand, du hast mir Unrecht angetan, ich will Gerechtigkeit, gib mir den Hammer.« Es gibt kein Du, kein Ich, keinen Unterschied – sie sind eins. Es ist wie bei der Dreifaltigkeit im Christentum. Gott der Vater ist in Gott dem Sohn; und Gott der Heilige Geist ist im Sohn und im Vater. Das ist Intersein. Im einen kann man die anderen beiden sehen. Da war etwas Schmerz, aber meine beiden Hände haben diesen Schmerz geteilt, denn in einer Liebesbeziehung gibt es keine Unterscheidung. Da ist Gleichmut *(upeksha)*. Ist die Weisheit der Nicht-Unterscheidung gegenwärtig, sind Glück und Leiden nicht länger individuelle Angelegenheiten.

Glück und Leiden

Mit der Weisheit der Nicht-Unterscheidung können wir erkennen, dass Unwohlsein und Wohlbefinden im jeweils anderen existieren. Üblicherweise glauben wir, dass es uns schon schlecht genug gegangen ist, und wir wollen etwas anderes: Es soll uns jetzt gut gehen. Wir wollen uns vom Schlechtgehen abwenden in Richtung Wohlbefinden. Doch genau dort, wo es uns schlecht geht, ist auch der Ort des Wohlbefindens. Wenn wir vor dem Schlechtgehen weglaufen, werden wir viel weniger die Chance haben, dass es uns gut geht.

All unser Glück trägt den Geschmack des Leids in sich. Es ist wie bei den Blumen. Schauen Sie tief in eine Blume hinein, dann sehen Sie den Abfall, die Erde, den Kompost in ihr. Ohne den Kompost, das wissen wir, könnte die Blume nicht sein. Berühren Sie die Blume wirklich tief, dann berühren Sie den Kompost in deren Innerem.

Nahrung

Ein gängiger Weg, vor dem Leiden davonzulaufen, ist die Flucht ins Essen oder in die Unterhaltung. Wir fühlen uns so einsam, traurig, leer, enttäuscht oder ängstlich und versuchen, diese Gefühle durch einen Film oder ein Sandwich zuzudecken. Das ist unsere Art, mit unserem Unglück umzugehen. Wir wollen unseren Schmerz, unsere Verzweiflung, unsere Wut und Depression unterdrücken. So machen wir Musik an, öffnen den Kühlschrank, um uns etwas zu essen zu holen, nehmen uns eine Zeitschrift zum Lesen – wir konsumieren. Selbst wenn uns eine Unterhaltungssendung im Fernsehen nicht interessiert, schauen wir sie uns trotzdem an. Wir meinen, alles sei besser, als dieses Unbehagen und Unwohlsein in uns zu spüren.

Doch je mehr wir auf diese Weise konsumieren, desto mehr nehmen wir das Gift der Gewalt, des Begehrens, der Verzweiflung und der Voreingenommenheit zu uns, und wir verschlimmern dadurch die Situation noch. Wir können aber mit der Energie der Achtsamkeit und Konzentration in die Natur unseres Leidens schauen und die Quelle identifizieren, die es fortwährend nährt.

Nichts kann ohne Nahrung überleben, auch unser Leiden nicht. Kein Tier, keine Pflanze kann ohne Nahrung überleben. Damit unsere Liebe lebendig bleibt, müssen wir sie nähren. Tun wir das nicht, oder nehmen wir die falsche Art der Nahrung zu uns, wird unsere Liebe sterben. In kurzer Zeit kann Liebe sich in Hass wandeln. Wenn unsere Depression hartnäckig bleibt und nicht verschwindet, dann tut sie es, weil wir sie weiterhin täglich füttern. Wir können tief in die Quelle der Nahrung schauen, mit der wir unser Leiden füttern.

Unser Leiden wird sich von Zeit zu Zeit in einer starken Emotion ausdrücken, die uns dazu treibt, in bestimmter Weise zu denken, zu fühlen und zu handeln. Haben wir identifiziert, was unser Leiden füttert, können wir versuchen, diesen Nahrungsstrom zu unterbinden, und er wird auf diese Weise austrocknen. Nehmen wir Gewalt und Leidvolles in uns auf, werden wir und die Menschen in unserem Umfeld noch mehr leiden. Hören wir damit auf, Bilder der Gewalt und vergifteter Kommunikation zu konsumieren, gibt uns das die Chance, die Gewalt und das Leiden in uns zu transformieren. Verstehen und Mitgefühl werden in uns geboren, sie werden uns heilen und helfen, auch Menschen in unserer Umgebung zu heilen.

Das Leben so akzeptieren, wie es ist

Wir wissen, dass das Leben Geburt und Tod umfasst und Krankheit und Altern nicht zu vermeiden sind. Dennoch wollen wir nicht alt und krank werden und sterben, aber das Leben ist nun einmal so. Wenn wir uns dagegen auflehnen und protestieren, leiden wir noch mehr. Akzeptieren wir das Leben und alles, was zum Leben gehört – die Augenblicke des Glücks, der Freude und des Friedens, aber auch Krankheit, Alter und Tod –, dann akzeptieren wir auch zeitweise zu leiden. Leiden ist in Ordnung. Und mehr noch: Wir haben dem Leiden zu verdanken, dass wir auch Wohlbefinden erleben können.

Um Angst und Furcht zu überwinden, machen wir uns als ersten Schritt bewusst, dass Angst in uns ist. Dann schaffen wir in uns die Absicht, nicht vor der Angst davonzulaufen. Unserer Gewohnheit ist es natürlich, vor der Angst wegzulaufen, da Angst kein angenehmes Gefühl ist. Wir wollen nicht mit Angst leben. Doch die Angst wird wieder und wieder zurückkehren. Wir leben in Furcht, dass etwas an diesen Nachmittag oder morgen geschehen mag. Wir leben mit dieser Angst vor der Unbeständigkeit. Der zweite Schritt, die Angst zu transformieren, besteht also darin, tief in sie hineinzuschauen und sie zu akzeptieren.

Schauen wir tief in unsere Angst hinein und akzeptieren wir sie, werden wir bemerken, wie wir auf die Angst antworten. Wir antworten vielleicht mit Verwirrung oder Verleugnung. Oder wir reagieren mit Freundlichkeit, Akzeptanz und Mitgefühl. Diese Antwort wird Heilung bewirken. Das ist der dritte Schritt: mit Einsicht zu antworten.

Weil wir wissen, wie wir Heilung herbeiführen können, müssen wir uns nicht vom Leiden überraschen lassen. Ist unsere Achtsamkeit durch Übung stark und stabil geworden, müssen wir nicht darauf warten, dass für uns unerwartet Leiden entsteht. Wir wissen, dass die Samen des Leidens tief in unserem Speicherbewusstsein liegen. Wir können sie in unser Geistbewusstsein einladen und durch das Licht der Achtsamkeit beleuchten.

Mit Leiden umzugehen ist, wie mit einer giftigen Schlange zu verfahren. Wir müssen alles über die Schlange in Erfahrung bringen, und wir müssen uns stärken und stabiler werden, um ihr so zu begegnen, dass sie uns nicht schaden kann. Am Ende dieses Prozesses sind wir bereit, uns mit ihr zu konfrontieren. Sind wir nie dazu bereit, wird sie uns eines Tages überraschen, und wir werden an einem Schlangenbiss sterben.

Der Schmerz, den wir auf den tiefsten Ebenen unseres Bewusstseins in uns tragen, ist ähnlich. Wird er stärker und tritt uns dann entgegen, können wir nichts tun, wenn wir uns nicht darin geübt haben, in unserer Achtsamkeit stark und stabil zu sein. Wir sollten unser Leiden aber nur dann einladen, sich zu zeigen, wenn wir bereit dazu sind. Dann können wir sicher mit ihm umgehen, wenn es in uns hochkommt. Um unser Leiden zu transformieren, kämpfen wir nicht mit ihm oder versuchen, es loszuwerden. Wir baden es einfach im Licht unserer Achtsamkeit.

Unser inneres Kind heilen

Als Kinder waren wir sehr verletzlich. Sehr leicht fühlten wir uns gekränkt. Ein strenger Blick des Vaters konnte uns unglücklich machen, und ein hartes Wort der Mutter konnte eine Wunde in unserem Herzen aufreißen. Wir hatten als kleine Kinder viele Gefühle, konnten sie aber nur schwer ausdrücken. Wir versuchten es ein ums andere Mal. Doch selbst wenn wir die richtigen Worte fanden, konnten uns die Erwachsenen in unserem Umfeld manchmal nicht verstehen, sie hörten uns überhaupt nicht zu oder ließen uns gar nicht zu Wort kommen.

Wir können zu uns selbst nach Hause kommen und mit unserem inneren Kind sprechen, ihm zuhören und direkt antworten. Auch ich habe das getan, obwohl ich von meinen Eltern Liebe und Fürsorge erfahren habe. Diese Praxis hat mir enorm geholfen. Das Kind ist immer da, und vielleicht ist es tief verwundet. Wir haben es für lange Zeit verleugnet. Wir müssen nun zu ihm zurückkehren, es unterstützen und ihm unsere Liebe und Fürsorge schenken.

Meditation über das fünfjährige Kind

Diese Meditation kann man sowohl im Sitzen als auch im Gehen durchführen. Es ist wichtig, einen ruhigen Ort zu finden, einen Ort, an dem Sie für mindestens fünf Minuten entspannt und ungestört sein können. Beim Ein- und Ausatmen können Sie folgende Worte zu sich sprechen:

Einatmend sehe ich mich als fünfjähriges Kind.
Ausatmend lächle ich mitfühlend dem fünfjährigen Kind in mir zu.

Zunächst möchten Sie vielleicht die kompletten Sätze sagen, nach einer Weile vielleicht nur noch die Schlüsselworte:

Ich, fünf Jahre alt.
Mitfühlend zulächeln.

Das fünfjährige Kind in uns braucht sehr viel Liebe und Aufmerksamkeit. Es wäre schön, nähmen wir uns jeden Tag für diese Meditation einige Minuten Zeit. Das wäre sehr heilend und sehr trostreich, denn das fünfjährige Kind in uns ist noch immer lebendig und braucht unsere Fürsorge. Nehmen wir das Kind wahr und sprechen wir mit ihm, werden wir erleben, wie es uns antwortet und es ihm bessergeht. Und wenn es ihm bessergeht, fühlen auch wir uns besser, und wir werden ein Gefühl großer Freiheit verspüren.

Das Kind in uns sind nicht nur wir. Auch unsere Eltern haben als Kinder gelitten. Und noch als Erwachsene wissen sie oft nicht, wie sie mit ihrem Leiden umgehen sollen, so lassen sie ihre Kinder leiden. Sie waren Opfer ihres eigenen Leids, und dann wurden auch die Kinder zu Opfern dieses Leids. Sind wir nicht dazu imstande, dieses Leid in uns zu transformieren, werden wir es an unsere Kinder weitergeben. Jeder Elternteil war einmal ein fünfjähriges Kind, zerbrechlich und verletzbar.

Mein Vater und ich sind nicht wirklich zwei verschiedene Wesen. Ich bin seine Fortführung, und von daher ist er in mir. Dem fünfjährigen Kind meines Vaters in mir zu helfen, heilt uns beide zur gleichen Zeit. Helfe ich dem fünfjährigen Mädchen, das meine Mutter einmal war und das immer noch in mir ist, unterstützt dies meine Mutter, sich zu transformieren und frei zu sein. Ich bin eine Fortführung meiner Mutter. Dieses kleine Mädchen, das so verletzt wurde und so sehr litt, ist in mir lebendig. Kann ich meine Mutter oder meinen Vater in mir transformieren und heilen, dann werde ich auch in der Lage sein, ihnen außerhalb von mir zu helfen. Durch diese Meditation werden wir Mitgefühl und Verstehen entwickeln, die wir auf uns, aber auch auf unsere Eltern als fünfjährige Kinder richten.

Wir reden so viel über Verstehen, aber gibt es ein tieferes als das? Wenn wir lächeln, wissen wir, dass wir für unsere Mutter und unseren Vater lächeln und sie beide befreien. Praktizieren wir auf diese Weise, dann werden alle Fragen, die Menschen Leid bereiten, bedeutungslos, Fragen wie: Wer bin ich? Hat mich meine Mutter wirklich gewollt? Oder mein Vater, wollte er mich wirklich? Welchen Sinn hat mein Leben?

Wir müssen nicht in unser Heimatland zurückkehren, nach Deutschland, Irland oder China, um unsere Wurzeln zu finden. Wir müssen nur in Berührung mit jeder Zelle unseres Körpers sein. Unser Vater, unsere Mutter und all unsere Vorfahren sind in einer sehr wirklichen Weise in jeder Zelle unseres Körpers präsent, selbst in den Bakterien. Erwachtes Verstehen wurde von allen Generationen an uns weitergegeben, von allen Lebewesen und auch von den Nicht-Lebewesen. Wir sind beides: Vater und Kind. Manchmal manifestieren wir uns als Vater oder Mutter, und manchmal manifestieren wir uns als Kind. Sobald die Guajavefrucht geboren ist, hat sie Guajavesamen in sich, sie ist also bereits Mutter und Vater. Wir können auf diese Weise üben:

Einatmend sehe ich meinen Vater als fünfjähriges Kind.
Ausatmend lächle ich meinem Vater als fünfjährigem Kind zu.

Vater, fünf Jahre alt.
Mitfühlend zulächeln.

Ihr Vater war einmal ein fünfjähriger Junge, bevor er zum Vater wurde. Als solcher war er sehr verletzlich. Ihr Großvater, Ihre Großmutter oder andere Menschen konnten ihn sehr leicht kränken. Wenn er also manchmal sehr hart oder schwierig war, mag es daran gelegen haben, wie der fünfjährige Junge in ihm behandelt wurde. Vielleicht wurde er als kleines Kind sehr verletzt.

Wenn Sie das verstehen, werden Sie nicht mehr wütend auf ihn sein. Möglicherweise spüren Sie Mitgefühl für ihn. Wenn Sie ein Foto haben, das Ihren Vater als Fünfjährigen zeigt, können Sie es während der Meditation betrachten. Sie werden ihn als fünfjähriges Kind sehen, das noch immer in ihm und auch in Ihnen lebendig ist, während Sie das Bild anschauen und ein- und ausatmen.

Auch Ihre Mutter war als Fünfjährige sehr verletzlich und zart. Man konnte sie schnell kränken und verwunden, und vielleicht hatte sie keine Lehrerin oder Freundin, die ihr half, innerlich zu heilen. So blieben die Wunde und der Schmerz weiterhin in ihr. Vielleicht hat sie sich deswegen manchmal unfreundlich Ihnen gegenüber verhalten. Wenn Sie Ihre Mutter als fragiles fünfjähriges Mädchen sehen, dann können Sie ihr sehr leicht mitfühlend vergeben. Das fünfjährige Mädchen, das Ihre Mutter einmal war, ist immer noch lebendig in ihr und in Ihnen.

Einatmend sehe ich meine Mutter als fünfjähriges Mädchen.
Ausatmend lächle ich diesem fünfjährigen Mädchen zu, das meine Mutter einmal war.

Mutter, fünf Jahre alt.
Mitfühlend zulächeln.

Besonders für einen jungen Menschen ist es sehr wichtig, das fünfjährige Kind in sich zu heilen. Ansonsten geben Sie, wenn Sie selbst Kinder haben, dieses verwundete Kind an Ihre Kinder weiter. Doch es ist nicht zu spät, wenn Sie das bereits getan haben. Sie müssen dann jetzt das verwundete Kind heilen, das Sie an Ihre Tochter oder Ihren Sohn weitergegeben haben.

Wir können alle, als Eltern und Kinder, zusammen praktizieren und das verwundete Kind in uns und unseren Kindern heilen, Das ist eine sehr dringliche, wichtige Praxis. Sind wir darin erfolgreich, stellt das die Kommunikation zwischen uns und unserer Familie wieder her und ermöglicht wechselseitiges Verständnis.

Wir sind in unseren Kindern. Wir haben uns vollständig in ihnen manifestiert. Unsere Söhne, unsere Töchter sind unsere Fortführung. Unser Sohn, unsere Tochter *sind* wir. Und sie werden uns weit in die Zukunft tragen. Nehmen wir uns die Zeit, unsere Kinder voller Mitgefühl und Verständnis zu lieben, werden sie davon profitieren und die Zukunft für sich, ihre Kinder und zukünftige Generationen besser gestalten.

Dem inneren Kind zuhören

Um gut für uns zu sorgen, müssen wir zurückgehen und gut für das verwundete Kind in uns sorgen. Es wäre wichtig, wenn Sie sich ihm einmal am Tag zuwenden würden. Sie können es zärtlich umarmen wie ein großer Bruder oder eine große Schwester.

Wir müssen dem verwundeten Kind in uns zuhören. Es ist hier im gegenwärtigen Moment. Und wir können es genau jetzt heilen. »Mein liebes verwundetes Kind, ich bin da für dich, ich höre dir zu. Bitte erzähl mir von all deinem Leid. Ich bin hier und höre dir wirklich zu.« Wir müssen dieses Kind umarmen, und, falls nötig, müssen wir auch gemeinsam mit dem Kind weinen, vielleicht während der Sitzmeditation. Wir können dafür auch in den Wald gehen oder an einen anderen Ort, an dem wir ungestört sind. Und es wird Heilung geschehen, wenn Sie wissen, wie Sie sich täglich für fünf oder zehn Minuten Ihrem inneren Kind zuwenden und ihm zuhören können.

Es gibt unter uns Menschen, die das getan haben, und nach einer Weile hat sich ihr Leid verringert, und eine Wandlung hat in ihnen stattgefunden. Durch diese Praxis wird sich die Beziehung zwischen uns und anderen verbessern und sehr viel einfacher werden. Wir spüren mehr Frieden, mehr Liebe in uns.

Mit dem inneren Kind sprechen

Ihr inneres Kind und Sie sind nicht zwei, sie sind aber auch nicht eins. Sie beeinflussen einander. Als Erwachsene können wir uns in Achtsamkeit üben und das innere Kind einladen, daran teilzuhaben. Das innere Kind ist so wirklich wie der oder die Erwachsene. Es ist wie das Samenkorn, das in der ausgewachsenen Pflanze noch immer real ist. Es ist da; es ist nicht nur eine vergangene Angelegenheit. Wenn das Korn weiß, dass es eins ist mit dem Samenkorn, dann ist ein Gespräch möglich. Haben wir die Neigung, immer wieder in die Vergangenheit zurückzukehren und die schmerzlichen vergangenen Erinnerungen zu leben, dann muss uns bewusst sein, dass wir und unser inneres Kind uns dem Vergangenen zuwenden, um all das erneut zu erleben, diese Angst und dieses Verlangen. Es ist uns zur Gewohnheit geworden, auch wenn wir es gar nicht wollen, und vor allem hilft es uns auch nicht.

Stattdessen sprechen wir mit dem inneren Kind. Wir laden es ein, in unser Bewusstsein zu treten und Bekanntschaft mit dem Leben im gegenwärtigen Moment zu schließen. Es ist eine Übung, ein Training, im gegenwärtigen Moment zu bleiben. Solange wir im gegenwärtigen Moment gegründet sind, erleiden wir nicht das Trauma des Vergangenen. Im gegenwärtigen Moment können wir erkennen, dass es so viele Wunder, so viele positive Umstände gibt. Die Übung besteht also darin, die Hand des inneren Kindes zu ergreifen, mit ihm zu spielen und mehr mit den Wundern des Lebens in Berührung zu kommen. Manchmal brauchen wir dafür Unterstützung, brauchen jemanden, der oder die uns dabei hilft, denn es gibt die natürliche Neigung in uns allen, immer wieder in Vergangenes abzugleiten.

Alle Arten des Verlangens und Begehrens sind eine Fortführung unseres ursprünglichen Verlangens nach Sicherheit. Das kleine Kind in uns ist weiterhin voller Sorgen und Ängste. Im gegenwärtigen Moment gibt es kein Problem, keine Bedrohung. Haben wir im gegenwärtigen Moment kein Problem, bedeutet dies, dass wir an sich kein Problem haben. Warum sollten wir uns dann weiterhin sorgen oder ängstigen? Wir müssen diese Weisheit dem inneren Kind vermitteln. Wir müssen das innere Kind wissen lassen, dass es keine Angst mehr haben muss. Wir können spazieren gehen, raus in die Natur, und mit dem inneren Kind sprechen. Wir können sagen: »Mein lieber jüngerer Bruder oder meine liebe Schwester, ich weiß, dass du leidest. Du bist mein inneres Kind; ich bin du. Wir sind erwachsen geworden. Hab also keine Angst mehr. Wir sind sicher. Wir verfügen über die Mittel und Möglichkeiten, uns selbst zu schützen. Komm mit mir in den gegenwärtigen Moment. Lass uns nicht von der Vergangenheit einsperren. Nimm meine Hand und lass uns zusammen gehen. Lass uns jeden Schritt genießen.«

Wir sollten wirklich mit dem inneren Kind sprechen – und zwar laut. Wir sollten die Worte nicht nur denken, sondern wirklich körperlich manifestieren. Wenn Sie jeden Tag mit Ihrem inneren Kind sprechen, wird Heilung stattfinden, und Ihr inneres Kind wird Sie in Ihrem Leben begleiten. Wir können mit ihm sprechen, seine Hand nehmen und es in den gegenwärtigen Moment führen, damit es das Leben im Hier und Jetzt genießen kann. Sprechen wir auch nur fünfzehn Minuten auf diese Weise mit dem verwundeten Kind in uns, dann können wir diese alte Angst aufdecken.

Stellen Sie sich einen geschlossenen Topf mit kochendem Wasser vor. Der Wasserdampf wird gegen den Deckel drücken. Entfernen wir den Deckel, kann der Dampf entweichen, und das Problem ist gelöst. Der Wasserdampf schafft keinen Druck mehr, er hat sich befreit.

Ähnlich ist es, wenn wir mit unserem inneren Kind sprechen und die ursprüngliche Angst aus der Kindheit dem Licht der Achtsamkeit aussetzen. Dann beginnt unsere Heilung. Wir müssen aber dem Kind versichern, dass die Angst längst keine Basis mehr hat, auch wenn sie real ist. Wir sind nun erwachsen. Wir können uns nun selbst beschützen und verteidigen.

Ein Gespräch mit dem inneren Kind

Wir müssen zu dem Kind sprechen, doch ebenso wichtig ist es, dass wir es selbst sprechen und sich ausdrücken lassen. Hatten wir als Kinder vielleicht keine Chance, frei zu sprechen, so ist diese Gelegenheit jetzt gekommen.

Legen Sie zwei Kissen einander gegenüber. Setzen Sie sich auf das eine und schauen Sie auf das andere. Visualisieren Sie sich selbst als fünfjähriges, vierjähriges oder dreijähriges Kind und sprechen Sie dann zu ihm: »Mein liebes inneres Kind. Ich weiß, dass du da bist. Du bist verletzt, du bist verwundet worden, ich weiß. Du hast sehr viel leiden müssen. Ich weiß, dass das stimmt, denn ich war du. Doch ich spreche jetzt zu dir als erwachsenes Ich, und ich möchte dir sagen, dass das Leben wundervoll ist und so viele erfrischende und heilende Elemente enthält. Wir sollten uns nicht in die Vergangenheit hineinziehen lassen und wieder und wieder vergangenes Leiden erleben. Wenn du mir etwas sagen möchtest, so sag es einfach.«

Dann setzen Sie sich auf das andere Kissen. Sie können sich aber auch als dreijähriger Junge oder dreijähriges Mädchen hinlegen und in einer Kindersprache reden. Sie können sich beklagen. Sie beklagen sich, dass Sie so zart und verletzlich sind, so hilflos, dass Sie nichts tun können und Angst haben. Sie wünschen sich so sehr die Anwesenheit eines Erwachsenen. Sie versuchen, das auszudrücken, und spielen dabei die Rolle des inneren Kindes. Wenn Emotionen – Ängste zum Beispiel – hochkommen, ist das gut. Sie fühlen die reale Angst, das reale Verlangen, dass da jemand nah bei Ihnen sein und Sie beschützen möge.

Dann setzen Sie sich wieder auf das andere Kissen zurück und sagen: »Ich habe dir nun zugehört, mein inneres Kind. Und ich verstehe dein Leid vollkommen. Doch wir sind nun erwachsen. Wir können uns jetzt selbst verteidigen. Wir können sogar die Polizei rufen. Wir können andere davon abhalten, Dinge zu tun, die wir nicht wollen. Und wir können das alles selbst tun. Wir brauchen dazu keinen Erwachsenen – wir brauchen niemanden. Wir selbst sind vollständig. Wir brauchen nicht wirklich einen anderen Menschen, um wir selbst zu sein. Ein Teil von uns wünscht sich sehr, dass da ein anderer Mensch wäre, der für uns die Rolle von Mama oder Papa spielte, aber das ist nur ein Gefühl, das sich nicht auf Realität gründet. Ich habe erfahren, dass wir uns selbst genug sein können; wir können in uns selbst Erfüllung finden. Wir brauchen niemand anderen, um uns entspannt und wohl zu fühlen.«

Sie müssen das Kissen nicht unbedingt wechseln oder laut sprechen, sollten Sie das nicht mögen. Wenn Sie mit Ihrem inneren Kind jeden Tag fünf oder zehn Minuten auf diese Weise sprechen, wird Heilung geschehen.

Ihrem inneren Kind einen Brief schreiben

Sie können auch dem inneren Kind einen Brief schreiben von ein, zwei oder drei Seiten Länge und ihm sagen, dass Sie um seine Existenz wissen und alles tun wollen, damit seine Wunden heilen. Nachdem Sie Ihrem inneren Kind einige Briefe dieser Art geschrieben haben, können Sie darauf achtgeben, ob das innere Kind etwas zurückschreiben möchte!

Freudiges mit dem inneren Kind teilen

Es gibt noch eine andere Möglichkeit, dafür zu sorgen, dass das kleine Kind in uns sich sicher fühlt. Laden Sie es ein, herauszukommen und auf dem Boden des gegenwärtigen Moments zu spielen. Erklimmen Sie einen Berg und laden Sie es ein, Sie dabei zu begleiten. Oder betrachten Sie einen Sonnenuntergang und laden Sie es ein, dabei zu sein. Schaffen Sie irgendeine schöne Situation, und tun Sie das regelmäßig für einige Wochen oder Monate, so wird das verwundete Kind in Ihnen Heilung erfahren.

Mit Sangha-Freundinnen und -Freunden zusammensitzen

Sind wir in unserer Kindheit sehr tief verletzt worden, ist es oft schwierig für uns, zu vertrauen und zu lieben, und es ist nicht einfach, uns von Liebe durchdringen zu lassen. Doch in dieser Übung wird uns angeraten, nach Hause zu gehen und für unser verwundetes Kind zu sorgen, selbst wenn das schwierig ist. Wir brauchen dazu Anweisungen, wie wir das tun können, ohne uns von innerem Schmerz überwältigen zu lassen. Wir entwickeln durch unsere Übung so viel Achtsamkeitsenergie, dass wir stark genug dafür werden.

Auch die Achtsamkeitsenergie unserer Freundinnen und Freunde kann uns helfen. Vielleicht brauchen wir beim ersten Nachhausekommen, dass sich ein oder zwei Freunde – besonders solche, die schon erfahren und erfolgreich in dieser Übung sind – neben uns setzen und uns ihre Unterstützung, Achtsamkeit und Energie leihen. Sitzt eine Freundin ganz nah bei uns und hält unsere Hand, dann verbinden wir ihre Energie mit unserer und kehren damit nach Hause zu dem verwundeten Kind in uns zurück.

Steht Ihnen eine liebevolle Gemeinschaft oder Sangha zur Seite, wird es für Sie einfacher sein. Allein mit der Übung zu sein, ohne Unterstützung von Brüdern und Schwestern, mag vor allem für jemanden, der damit beginnt, zu schwierig sein. Es ist sehr wichtig, zur Sangha Zuflucht zu nehmen und Brüder und Schwestern zu haben, die Ihnen beistehen, Ihnen Rat geben und Sie in schwierigen Momenten unterstützen.

Versöhnung

Wir neigen dazu, andere zu tadeln oder zu beschuldigen, als wären sie getrennt von uns. Von daher müssen wir tief schauen und uns fragen, ob wir jeden Tag weiterwachsen? Sind wir jeden Tag glücklicher? Sind wir mehr in Harmonie mit uns und den Menschen, die uns umgeben, den nicht so liebenswürdigen ebenso wie den liebenswürdigen?

Was andere Menschen sagen oder tun, muss uns nicht beeinträchtigen. Wir können uns weiterhin um uns kümmern. Wir können unser Bestes versuchen, um anderen Menschen wirklich zu helfen, statt sie zu verurteilen und zu beschimpfen.

Ist unsere linke Hand verwundet, sagen wir nicht: »Blöde Hand, wie konntest du das nur tun?« Ganz natürlich kümmern wir uns um sie, damit sie heilen kann. Und so können wir auch die Menschen in unserer Familie oder Gemeinschaft betrachten, denen es nicht gut geht, die schnell gekränkt sind und viele Schwierigkeiten haben. Wir sagen nicht: »Du benimmst dich nicht gut, du musst dich ändern.« Wir können lernen, uns um sie zu kümmern, so wie wir Sorge für unsere verletzte linke Hand tragen würden.

Sind wir über jemanden wütend, dann deshalb, weil wir nicht die vielen Elemente in ihm sehen können, die nicht er sind. Wir sehen nicht, dass diese Person aus einer Gewohnheitsenergie heraus handelt, die an sie weitergegeben wurde. Schauen wir tiefer, fällt es uns leichter, diese Person zu akzeptieren. Das gilt auch für uns selbst. Wenn wir in uns all die Elemente erkennen, die von anderen

Menschen zu uns gelangt sind – von unseren Eltern und unseren Vorfahren oder auch aus unserer Umgebung –, können wir erkennen, dass viel von unserer Strenge mit uns selbst und mit anderen aus anderen Wurzeln, anderen Elementen herrührt. Wir können sagen: »Ah, das ist mein Großvater, der da gerade meinen Freund beurteilt.« Jede Interaktion, die bewusst und ohne Urteil erfolgt, erhöht unser achtsames Gewahrsein dafür, wenn unsere Gedanken, unsere Worte und Handlungen nicht unsere allein sind. Unsere Vorfahren sind jeden Tag in uns gegenwärtig. Dieses Verstehen lässt uns Wege finden, Schwierigkeiten, die wir mit anderen haben, auszuräumen und Frieden zu schließen.

Falsche Wahrnehmungen

Weil wir oft in Bildern unseres vergangenen Leids gefangen bleiben, entwickeln wir schnell falsche Wahrnehmungen und reagieren auf andere in einer Weise, die zu noch mehr Leid führt. Nehmen wir an, wir sind ärgerlich auf jemanden, weil wir glauben, diese Person versuche, uns Leid zu bereiten. Das ist unsere Wahrnehmung. Wir glauben, es sei die Absicht des anderen, uns Leid zu schaffen und uns unglücklich zu machen. Diese Wahrnehmung löst Ärger aus und führt zu Handlungen, die für alle Beteiligten zu noch mehr Leid führen.

Statt um uns zu schlagen, können wir durch achtsames Atmen und Gehen Bewusstheit und Einsicht entwickeln. Wir können ein- und ausatmen und erkennen, dass es in uns Leid gibt, aber auch falsche Wahrnehmungen. Und wir sehen, dass es in der anderen Person Leid gibt und ebenso falsche Wahrnehmungen. Wir selbst haben vielleicht einen gewissen Grad an Bewusstheit erreicht, doch die andere Person möglicherweise nicht, weil sie nicht weiß, wie sie ihr Leiden wahrnehmen und damit umgehen kann, weil sie nicht weiß, dass die Menschen in ihrem Umfeld leiden.

Sobald wir das erkennen, sehen wir sie mit anderen Augen. Wir erkennen ihr Leiden und sehen, dass sie nicht damit umzugehen weiß. Sind wir imstande, ihr Leiden und ihre Situation zu sehen, dann entsteht Mitgefühl. Entsteht Mitgefühl, so transformiert das den Ärger und die Wut in uns. Wir werden den anderen nicht mehr zu bestrafen suchen, denn wir spüren gar keinen Ärger mehr.

Das ist die Intervention der Einsicht. Einsicht kann uns retten, denn sie hilft uns, unsere falschen Wahrnehmungen zu korrigieren. Ohne diese falschen Wahrnehmungen sind auch Wut, Angst und Verzweiflung nicht länger da. Stattdessen sind Mitgefühl und die Bereitschaft zu helfen gegenwärtig.

Unser Wille, unsere Entschlusskraft ist die Grundlage all unseres Handelns. Bei falschen Wahrnehmungen bringt uns das dazu, so zu handeln, dass wir mehr Leid schaffen. Durch Einsicht wird unser Wollen zu einem guten Wollen. Uns motiviert der Wunsch zu helfen, nicht zu bestrafen. Sind wir darauf ausgerichtet, fühlen wir uns bereits viel besser, selbst wenn wir noch nichts getan haben. Der Gewinn aus unserer Übung zeigt sich uns unverzüglich. Der andere Mensch, den wir als Verursacher unseres Leidens angesehen hatten, wird später davon profitieren.

Die Beziehungen zur Familie heilen

Vielleicht hat unser Vater uns als sein Eigentum betrachtet, wie ein Haus, eine Geldsumme oder ein Auto. Wenn wir solch einen Vater hatten, haben wir vielleicht geglaubt, er könne alles mit uns machen, weil wir sein Kind seien. Für ihn waren wir keine Person, kein menschliches Wesen, mit dem Recht zu denken, zu handeln oder dem zu folgen, was wir für schön, gut und wahr hielten. Er wollte, dass wir dem Weg folgten, den er für uns vorgesehen hatte. Warum sind manche Väter so? Es gibt ja auch welche, die anders sind, Väter, die imstande sind, ihre Kinder respektvoll zu behandeln, als freie menschliche Wesen.

Hat unser Vater uns schlecht behandelt, rührt das vielleicht daher, weil er selbst kein Glück erfahren hat. Seine Erziehung und seine Umgebung haben ihn nicht gelehrt, wie man Liebe und Verstehen zum Ausdruck bringen kann. Beschuldigen wir ihn, wollen wir ihn bestrafen, leidet er nur noch mehr; das ist alles. So können wir ihm nicht helfen. Doch verstehen wir ihn in seinem Unglück, wird sich unsere Wut über unseren Vater auflösen. Er wird zu jemandem, der unsere Liebe statt unsere Bestrafung braucht.

Natürlich müssen wir dafür sorgen, dass wir sicher sind und uns nicht in seiner Nähe befinden, sollte er uns körperlichen oder emotionalen Schaden zufügen. Doch von ihm wegzulaufen, wird nur das Leid für uns beide vergrößern. Üben wir uns nicht darin, achtsam mit unseren Eltern zu sein, dann bereiten wir einander die Hölle.

Wann immer Eltern und Kinder miteinander kämpfen, verlieren die Kinder, denn von Kindern erwartet man, dass sie nicht in der Sprache antworten, die ihre Eltern benutzen. Eltern mögen ihre Kinder schlagen, aber Kinder können nicht ihre Eltern schlagen. Eltern können ihre Kinder verbal missbrauchen, Kinder können das nicht, und sie werden dann vielfach krank, weil sie die empfangene Gewalt nicht ausdrücken können. Die Gewalt, die ihnen angetan wird, bleibt in ihnen und sucht ein Ventil, eine Möglichkeit, sich auszudrücken. Wenn wir uns als junger Mensch nicht gut behandeln und uns selbst verletzen, dann geschieht dies, weil wir keinen anderen Weg sehen, die Gewalt in uns auszudrücken. Wir sind Opfer der Gewalt, die uns von unseren Eltern und der Gesellschaft zugefügt wurde. Unsere Eltern waren nicht weise genug, ihre Gewalttätigkeit von ihren Kindern entfernt zu halten, selbst wenn sie die Absicht hatten, ihre Kinder zu lieben und glücklich zu machen.

Ich kenne einen jungen Mann, der Medizin studierte. Sein Vater war Arzt. Der junge Mann klingt wie jemand aus der jüngeren Generation, der verspricht, alles anders als sein Vater zu machen. Doch als er selbst Vater wurde, tat er genau das Gleiche, was sein Vater getan hatte: Er schrie seine Kinder an und kritisierte sie tagtäglich.

Als Kind geloben wir, das Gegenteil von dem zu tun, was unser Vater tat. Doch wenn wir selbst Kinder haben, wiederholen wir nur allzu oft die Gewohnheiten unserer Eltern. Das wird das Rad von *Samsara* genannt, die Fortführung des Leidens von Generation zu Generation. Wir praktizieren, um das Rad des Samsara zu durchtrennen, um unsere Gewohnheiten anzuhalten, damit sie nicht länger unsere Beziehungen zu unseren Kindern beeinträchtigen.

Beide Generationen müssen die Gewalt erkennen, die uns zerstört, und die Menschen, die wir lieben. Beide Seiten müssen den Weg des tiefen Schauens suchen, denn beide Generationen sind Opfer. Kinder glauben, sie seien Opfer ihrer Eltern, und Eltern meinen, sie seien Opfer ihrer Kinder. Wir versuchen, uns gegenseitig verantwortlich zu machen, und akzeptieren nicht die Tatsache, dass Gewalt in beiden von uns ist. Statt uns zu bekämpfen, sollten wir als Eltern und Kinder zusammenkommen, als Partner, die einen Ausweg suchen. Nur weil wir gelitten haben, ist das kein Grund, damit fortzufahren, einander Leid zu bereiten. Beide Seiten leiden sehr als Resultat derselben Ursachen. Deshalb sollten wir Verbündete sein statt Feinde. Das Ausmaß unseres Leids ist groß genug und sollte uns lehren, nicht dieselben Fehler zu machen. Der Buddha sagte: »Übt, tief in die Natur all dessen zu schauen, was entstanden ist.« Wenn wir erst einmal die Natur des Leidens verstehen und klar sehen, wie es entstanden ist, sind wir bereits auf dem Weg der Befreiung.

Partner müssen zusammenfinden, Freundinnen müssen zusammenfinden, die Mutter muss zur Tochter finden. Zusammen werden wir der Tatsache zustimmen, dass wir beide gelitten haben, dass wir beide Gewalt, Hass und Kummer in uns tragen. Anstatt uns feindlich gegenüberzustehen und zu beschuldigen, sollten wir einander helfen und gemeinsam praktizieren, mit der Hilfe eines Lehrers, einer Lehrerin und unserer Gemeinschaft.

Unser Herz weiten

Ich kenne einen jungen Mann, der über seinen Vater sehr wütend war und sagte: »Ich möchte mit meinem Vater nichts mehr zu tun haben.« Wir können das verstehen. Er hatte das Gefühl, all sein Leid habe sein Vater verursacht, und er wollte nun vollkommen anders sein als sein Vater. Er wollte von diesem Teil seiner Existenz völlig abgekoppelt sein. Doch wenn er tief geschaut hätte, hätte er gesehen, dass er sein Vater *ist,* dass er seine Fortführung ist, selbst wenn er ihn von ganzem Herzen hasst.

Den Vater zu hassen bedeutet Selbsthass. Es gibt keine Alternative dazu, als den Vater zu akzeptieren. Ist unser Herz zu klein, dann können wir ihn noch nicht umfangen, dafür brauchen wir ein großes Herz. Wie können wir unser Herz weiten, sodass es genügend Raum bietet, um unseren Vater zu umarmen?

Die Praxis des tiefen Schauens ist die einzige Übung, die uns hilft, unser Herz so zu weiten, dass es unermesslich groß wird. Ein Herz, das vermessen werden kann, ist kein großes Herz.

Es gibt vier Elemente, die wahre Liebe ausmachen, es sind die vier unermesslichen Geisteszustände: *maitri* (liebende Güte), *karuna* (Mitgefühl), *mudita* (Freude) und *upeksha* (Gleichmut, Nicht-Unterscheidung, Unvoreingenommenheit). Wir üben mit diesen Elementen, um aus unserem Herzen etwas Unermessliches zu machen. Weitet sich unser Herz und wird größer, so vermögen wir alle Arten des Leids zu umfangen und zu tragen. Umarmen wir das Leid in uns, werden wir nicht länger leiden.

Der Buddha beschreibt ein unermesslich großes Herz anhand folgender Analogie. Fällt etwas Dreck in unser Wasserglas, trinken wir das Wasser nicht, sondern schütten es fort. Doch wenn wir diesen Dreck in einen großen Fluss werfen, ist das Wasser noch immer trinkbar. Der Fluss ist groß; er kann den Schmutz aufnehmen, und wir können das Wasser trinken.

Wenn unser Herz klein ist, können wir das Ausmaß an Schmerz und Leid, das uns durch einen anderen Menschen oder die Gesellschaft zugefügt wurde, nicht ertragen. Doch ist unser Herz groß, können wir das Leiden umarmen und müssen nicht mehr leiden. Durch die Übung der vier unermesslichen Geisteszustände wird unser Herz groß wie ein Fluss.

Metta-Meditation

Metta ist ein anderes Wort für liebende Güte oder Herzensgüte. Die Wurzel des Wortes ist *mitra,* was Freund bedeutet. Metta-Meditation hilft uns, mit uns selbst und mit anderen Freundschaft zu schließen. Wir beginnen mit dem Bestreben: »Möge ich …« Dann transzendieren wir die Ebene des Bestrebens und betrachten eingehend die positiven und negativen Eigenschaften unseres Meditationsobjekts, in dem Fall sind das wir selbst. Der Wille zu lieben ist noch keine Liebe. Wir schauen tief mit unserem ganzen Sein, um zu verstehen. Wir wiederholen nicht einfach nur die Worte; es geht nicht um Autosuggestion. Wir schauen tief in unseren Körper und in unser Bewusstsein, in unsere Gefühle und Wahrnehmungen, in alle unsere geistigen Gebilde, und in nur wenigen Wochen wird aus unserem Bestreben, uns zu lieben, eine tiefgreifende Intention. Liebe wird unsere Gedanken, unsere Worte und unser Handeln durchdringen, und wir werden bemerken, dass wir friedvoller, glücklicher und leichter in Körper und Geist geworden sind.

Diese Liebende-Güte-Meditation stammt aus der *Visuddhimagga* (Der Pfad der Reinheit) von Buddhaghosa. Es handelt sich um eine Systematisierung der buddhistischen Lehre aus dem fünften Jahrhundert unserer Zeit. Wir beginnen diese Meditation mit uns selbst (»Möge ich …«). Solange wir nicht imstande sind, uns um uns zu kümmern und uns zu lieben, sind wir für andere wenig hilfreich. Danach richten wir uns in dieser Meditation auf andere aus (»Möge er/sie …«, »Mögen sie …«) – zunächst auf jemanden, den oder die wir mögen, dann auf jemanden, dem oder der wir neutral gegenüberstehen, und schließlich auf jemanden, der oder die uns leiden lässt.

Möge ich friedvoll, glücklich und leicht in Körper und Geist sein.
Möge ich sicher und frei von Verletzung sein.
Möge ich frei von Wut, Kummer, Angst und Sorgen sein.

Möge ich lernen, mich selbst mit den Augen des Verstehens und der Liebe zu betrachten.
Möge ich imstande sein, die Samen der Freude und des Glücks in mir zu erkennen und zu berühren.
Möge ich lernen, die Ursachen von Wut, Begierde und Täuschung in mir zu identifizieren und zu erkennen.

Möge ich wissen, wie ich die Samen der Freude täglich in mir nähren kann.
Möge ich imstande sein, frisch, gefestigt und frei zu leben.
Möge ich frei von Anhaftung und Ablehnung sein, doch nicht gleichgültig.

Liebe besteht nicht nur in der Absicht zu lieben, sondern auch in der Fähigkeit, Leiden zu mindern und Frieden und Glück zu verbreiten. Die Übung der Liebe mehrt unsere Nachsicht, unsere Fähigkeit, geduldig zu sein und Schwierigkeiten und Schmerz zu umfangen. Ist unser Herz weit und groß, können wir den Schmerz umarmen, ohne zu leiden. Nachsicht bedeutet nicht, dass wir Schmerz unterdrücken.

Friedensvertrag

Wollen wir in unserer Partnerschaft, in unserer Familie nicht leiden, uns nicht in gegenseitigen Beschuldigungen und Kämpfen verfangen, können wir einen Friedensvertrag* abschließen. Wir sagen: »Liebste/r, ich weiß, dass es da einen Samen des Ärgers, der Wut in dir gibt. Ich weiß, dass du leidest und mich leiden lässt, jedes Mal, wenn ich den Samen wässere. Ich gelobe, den Samen des Ärgers in dir nicht länger wässern zu wollen, sondern das zu unterlassen. Ich verspreche es. Natürlich verspreche ich auch, den Samen des Ärgers, der Wut nicht mehr in mir zu wässern. Bitte schau, Liebste/r, ob du nicht eine ähnliche Verpflichtung eingehen magst. Bitte lies nichts, schau dir nichts an, konsumiere im Alltagsleben nichts, was den Samen der Wut und Gewalt in dir wässert. Du weißt, dass der Samen der Wut in mir groß genug ist. Und jedes Mal wenn du diesen Samen wässerst, indem du etwas Bestimmtes sagst oder tust, leide ich und füge dir Leid zu. Lass uns doch so klug sein und den Samen der Gewalt und Wut nicht mehr im anderen zu wässern.«

Das ist Teil des Friedensvertrags, den wir mit unseren Liebsten abschließen können: unserem Partner, unserer Partnerin, unseren Eltern, unseren Kindern. Es ist wundervoll, wenn andere in unserer Familie oder Gemeinschaft das Unterschreiben des Vertrages bezeugen. Dem Friedensvertrag zufolge sagen oder tun wir erst einmal gar nichts, wenn Wut oder Ärger in uns aufkommt. Wir kehren zu uns selbst zurück und kümmern uns um unsere Wut, und wir schauen tief in uns hinein, um die Ursache des Leids zu berühren und zu identifizieren.

---

* Ausführlicher beschrieben in Thich Nhat Hanh: *Alles, was du tun kannst für dein Glück*, Herder Verlag, Freiburg i. Br. 2010

Unsere erste Einsicht mag sein, dass die Hauptursache unseres Leids der Samen der Wut in uns selbst ist und dass die andere Person lediglich die sekundäre Ursache ist. Wir können diesen Menschen betrachten und sehen, dass er diese Praxis vielleicht gar nicht kennt und von daher nicht weiß, wie er mit der Gewalt in sich umgehen und Sorge für sie tragen kann. Er hat oft gelitten und ist Opfer seines eigenen Leids geworden. Darum leidet dieser Mensch weiter und lässt die Menschen in seinem Umfeld leiden. Das ist ganz natürlich. Er braucht Hilfe statt Bestrafung. Das mag unsere zweite Einsicht sein.

Wir können aber noch weitergehen. Wenn diese Person Hilfe braucht, wer wird ihr helfen? Wir erkennen, dass wir dieser Mensch sind, der sie besser als jeder andere versteht, und dass wir die Pflicht haben, ihr zu helfen. Ist der Wunsch, ihr zu helfen, in uns entstanden, wissen wir, dass die Wut sich in Mitgefühl gewandelt hat. Wir leiden nicht mehr. Liebe und Mitgefühl motivieren uns zu helfen. Ich kenne viele junge Menschen, die in Plum Village praktiziert haben und dann nach Hause zurückgekehrt sind, um ihren Eltern zu helfen. Sie hassen ihre Eltern nicht mehr.

Einen Brief schreiben

Ich kenne einen jungen Mann, der große Wut auf seine Mutter hatte. Ich bat ihn während eines Retreats, an dem er teilnahm, einmal die positiven Eigenschaften seiner Eltern aufzuschreiben. Er sagte zu mir: »Es ist leicht für mich, die guten Eigenschaften meines Vaters aufzuschreiben. Doch die meiner Mutter? Ich glaube nicht, dass ich da viel zu schreiben habe.« Doch er fing damit an und war überrascht, als er merkte, wie viele positive Eigenschaften seiner Mutter er nach und nach aufschrieb. Eine Seite reichte nicht aus. Er drehte die Seite um und schrieb auf die Rückseite.

Zu jener Zeit übte er sich im tiefen Schauen und erkannte, dass seine Mutter so viele gute Eigenschaften hatte. Wegen einer Sache war er so wütend auf seine Mutter, und diese Wut hatte alles andere überdeckt. Am Ende der Übung hat er seine Mutter als eine wundervolle Person wiederentdecken können. Und als nächsten Teil der Übung setzte er sich hin und schrieb seiner Mutter einen Liebesbrief.

In diesem Brief hieß es: »Mutter, ich bin so glücklich und stolz, eine Mutter wie dich zu haben.« Und er führte alle guten Eigenschaften auf, die er von ihr empfangen hatte. Eine Woche später rief ihn seine Frau aus den USA an und sagte: »Deine Mutter war so glücklich, als sie deinen Brief las. Sie sagte, sie habe ihren wundervollen Sohn wiederentdeckt. Würde ihre eigene Mutter noch leben, so sagte sie, würde sie ihr gern auch einen solchen Brief schreiben.«

Nach dem Gespräch mit seiner Frau setzte sich der junge Mann erneut hin, um seiner Mutter einen weiteren Brief zu schreiben: »Mutter, wenn du tief schaust, dann wirst du sehen, dass meine Großmutter in dir noch immer lebendig ist, sie ist es in jeder Zelle deines Körpers. Und ich bin sicher, dass meine Großmutter imstande sein wird, einen Brief von dir zu lesen. Es ist nicht zu spät dafür.« Die Beziehung zwischen Sohn und Mutter war auf schönste Weise wiederhergestellt, und es war dafür gar nicht viel Zeit nötig.

Dem Friedensvertrag zufolge müssen wir die andere Person vor Ablauf von vierundzwanzig Stunden wissen lassen, wenn wir nicht in der Lage gewesen sind, unsere Wut zu transformieren, indem wir sie umarmt und tief in sie hineingeschaut haben. Wir haben nicht das Recht, unsere Wut für mehr als vierundzwanzig Stunden für uns zu behalten; wir müssen es dem anderen sagen. Es ist für uns nicht gesund, sie für uns zu behalten. Wir gehen stattdessen zu diesem anderen Menschen und lassen ihn wissen, dass wir wütend sind und leiden. Und wenn wir das Gefühl haben, dies nicht ruhig sagen zu können, dann ist es auch möglich, es aufzuschreiben und ihm zu geben. Den Bedingungen des Friedensvertrags folgend müssen wir der anderen Person diese Notiz vor Ablauf der Deadline geben.*

Drei Sätze der Versöhnung

In Plum Village praktizieren wir mit drei Sätzen, wenn wir uns über jemanden ärgern oder wütend auf ihn sind. Der erste ist: »Liebste/r, ich bin wütend, ich leide, und ich möchte, dass du das weißt.« In liebevoller Redeweise sagen Sie der anderen Person die Wahrheit: dass Sie leiden, dass Sie wütend sind über sie.

Wenn wir uns über jemanden ärgern oder wütend sind, fühlen wir uns dabei vielleicht manchmal sogar überheblich und selbstgerecht. Kommt die andere Person dann zu uns und fragt, ob alles in Ordnung sei oder wir wütend auf sie seien, antworten wir vielleicht: »Ich, wütend? Das macht mir überhaupt nichts. Ich leide gar nicht!« Das wäre das Gegenteil der hier gemeinten Praxis. Stattdessen sagen wir: »Liebste/r, ich bin wütend, richtig wütend, ich leide, und ich möchte, dass du das weißt.« Und wenn Sie noch etwas weiter gehen wollen, können Sie fortfahren: »Ich verstehe nicht, warum du so etwas zu mir gesagt

* Siehe Friedensnotiz am Ende des Buches

hast, warum du mir das angetan hast. Ich leide so sehr.« Das ist der Inhalt des ersten Satzes.

Der zweite Satz lautet: »Ich tue mein Möglichstes.« Das heißt konkret, ich übe oder praktiziere. Das bedeutet, dass ich nicht jedes Mal, wenn ich wütend werde, etwas sagen oder tun muss, sondern zu meinem Atem zurückkehre. Ich übe mich darin, achtsam meine Wut zu umarmen und tief zu schauen, um ihre Wurzeln in mir zu erkennen. Ich tue mein Möglichstes. Wir zeigen dadurch dem anderen, dass wir Praktizierende sind, dass wir wissen, wie wir mit unserer Wut umgehen müssen. Das wird auf seiner Seite Vertrauen und Respekt hervorrufen. Es ist auch eine indirekte Einladung an ihn, zu praktizieren und sich zu fragen: »Was habe ich gesagt, was habe ich getan, damit sie so leiden muss?« Und damit beginnt schon die Praxis. Der zweite Satz lädt den anderen ein, tief zu schauen und zu erkennen, ob er in dem, was er sagte oder tat, ungerecht war.

Der dritte Satz lautet: »Bitte, hilf mir«, denn ich kann dieses Leiden, diese Wut nicht allein transformieren. Wenn wir uns selbst dazu bringen können, diesen dritten Satz aufzuschreiben, wird das unser Leiden bereits mindern. Werden wir Partner, Freundinnen in der Praxis, dann müssen wir sowohl unser Glück als auch unser Leiden teilen. »Jetzt leide ich, und ich möchte es mit dir teilen, und ich brauche deine Unterstützung.« Sind Sie imstande, diese Zeile aufzuschreiben, dann haben Sie Ihren Stolz überwunden. Wenn man uns verletzt hat, ziehen wir es oft vor, in unser Zimmer zu gehen, allein für uns zu weinen und jede Hilfe zurückzuweisen, die uns die andere Person anbietet. Wir haben unseren Stolz. Wir wollen den anderen bestrafen, ihm zeigen, dass wir gut ohne ihn überleben können. Diese drei Sätze sind Richtlinien für unsere Praxis. So sagen wir, statt uns zurückzuziehen:

»Liebste/r, ich bin wütend auf dich, ich leide sehr. Ich möchte, dass du das weißt.« »Ich tue mein Möglichstes, um mit meinem Leiden umzugehen.« »Bitte hilf mir.« Vielleicht möchten Sie diese drei Sätze auf ein kleines Stück Papier in der Größe einer Visiten- oder Kreditkarte schreiben und dies in Ihre Brieftasche tun. Jedes Mal, wenn die Energie der Wut in Ihnen hochkommt, wissen Sie, was zu tun ist. Nehmen Sie das Papier dann heraus und lesen Sie es. Der Buddha ist in diesem Augenblick bei Ihnen. Sie wissen genau, was Sie zu tun haben und was nicht. Viele unserer Freundinnen und Freunde benutzen diese Sätze in ihrer Praxis und transformieren ihre Beziehungen – die zwischen Vater und Sohn, zwischen Mutter und Tochter oder die partnerschaftliche Beziehung. Die Übung des achtsamen Atmens und Gehens hilft uns sehr dabei, uns selbst zu beruhigen. Wir appellieren an das Beste in uns, um mit der Situation umzugehen. Wir reagieren nicht einfach nur und lassen unsere Wut und unsere Gewalt noch mehr Leiden verursachen.

Ein Versöhnungsbrief

Diese drei Sätze können die Grundlage eines Versöhnungsbriefes sein. Einen Brief zu schreiben, ist eine sehr wichtige Übung. Sind wir in unserer Praxis noch zu wenig gefestigt, werden wir vielleicht ärgerlich während des Sprechens und reagieren dann in ungeschickter Weise, selbst wenn wir die besten Absichten haben. Das kann die Gelegenheit vereiteln, sich zu diesem Zeitpunkt zu versöhnen. Manchmal ist es also sicherer und einfacher, einen Brief zu schreiben. In einem Brief können wir vollkommen ehrlich sein. Wir können die andere Person wissen lassen, dass sie Dinge getan hat, die uns Leiden bereitet, die uns verletzt haben. Wir können alles aufschreiben, was wir innerlich fühlen. Unsere Übung beim Schreiben ist es, ruhig zu sein und die Sprache des Friedens und der liebenden Güte zu benutzen. Wir versuchen, einen Dialog herzustellen. Wir können Dinge schreiben wie: »Meine liebe Freundin, ich bin möglicherweise ein Opfer falscher Wahrnehmungen, und was ich schreibe, mag nicht die Wahrheit widerspiegeln. Es ist aber meine Wahrnehmung der Situation. Es ist das, was ich in meinem tiefsten Inneren wirklich fühle. Wenn meine Wahrnehmung nicht richtig ist, dann korrigiere sie bitte. Ist etwas falsch in dem, was ich geschrieben habe, dann sollten wir uns zusammensetzen und es gemeinsam betrachten, damit wir das Missverständnis klären können.« Wir schreiben in einer liebevollen Sprache. Ist uns ein Satz nicht gut gelungen, können wir von neuem beginnen und einen freundlicheren Satz schreiben.

Wir müssen in diesem Brief unsere Fähigkeit zeigen, das Leiden im anderen zu sehen. »Lieber Freund, ich weiß, dass du gelitten hast. Und ich weiß, dass du nicht allein für dein Leiden verantwortlich bist.« Wenn wir uns in tiefem Schauen üben, entdecken wir einige der Wurzeln und Ursachen für das Leiden des anderen. Wir können ihm all diese Dinge sagen. Wir können auch von unserem eigenen Leiden sprechen und ihm zeigen, dass wir verstehen, warum er in einer bestimmten Weise gesprochen oder gehandelt hat.

Wir können uns ein, zwei oder drei Wochen Zeit für den Brief nehmen, denn er ist ein sehr wichtiger Brief. Für unser Glück kann er entscheidend sein. Die Zeit, die wir mit dem Schreiben dieses Briefes verbringen, kann sogar wichtiger sein als die ein oder zwei Jahre, die wir an unserer Doktorarbeit geschrieben haben. Diese Arbeit ist nicht so entscheidend wie dieser Brief. Einen solchen Brief zu schreiben ist das Beste, was wir tun können, um einen Durchbruch zu erleben und die Kommunikation wiederherzustellen. Wir sind die beste Ärztin, der beste Therapeut für unseren Liebsten, unsere Liebste, denn wir kennen diesen Menschen am allerbesten.

Wir müssen dazu nicht allein sein. Wir haben Brüder und Schwestern in der Praxis, die uns bei unserem Brief helfen und unsere Praxis beleuchten können. Die Menschen, die wir brauchen, sind genau hier in unserer Gemeinschaft. Schreiben wir ein Buch, geben wir das Manuskript an Freundinnen und Spezialisten weiter, um ihre Ratschläge zu hören. Unsere Mitpraktizierenden sind Fachleute, denn sie alle üben sich in tiefem Zuhören, tiefem Schauen und liebevollem Sprechen. Wir zeigen unseren Brief also einer Dharma-Schwester und fragen sie, ob unsere Sprache freundlich genug, ruhig genug und unsere Einsicht tief genug ist. Danach zeigen wir ihn einem anderen Dharma-Bruder oder einer weiteren Dharma-Schwester. Wir setzen diesen Prozess fort, bis wir das Gefühl haben, unser Brief sei geeignet, im anderen Menschen eine Transformation zu bewirken und ihm bei der Heilung zu helfen.

Es gibt kein Maß an Zeit, Energie und Liebe, das wir nicht in einen solchen Brief investieren sollten. Und kein Freund, keine Freundin würde in einer solch wichtigen Angelegenheit ihre Hilfe verweigern. Es ist so entscheidend, dass wir die Kommunikation wiederherstellen zu dem Menschen, der uns so viel bedeutet. Das mag unser Vater, unsere Mutter, unsere Tochter oder unser Partner, unsere Partnerin sein. Es mag die Person sein, die neben uns sitzt. Wir können sofort damit beginnen. Wir können heute anfangen, diesen Brief zu schreiben. Wir werden herausfinden, dass wir nur mit einem Stift und einem Stück Papier schon praktizieren und unsere Beziehung transformieren können.

Während wir Sitzmeditation oder Gehmeditation machen, gärtnern, sauber machen oder kochen, denken wir nicht an den Brief, und doch ist alles, was wir tun, darauf bezogen. Die Zeit, die wir am Tisch sitzen und schreiben, ist lediglich die Zeit, in der wir unsere Gefühle zu Papier bringen. Doch es ist gar nicht der Moment, in dem wir den Brief produzieren. Wir produzieren den Brief, wenn wir das Gemüse waschen, wenn wir Gehmeditation üben, wenn wir kochen. All dies hilft uns, gefestigter und friedvoller zu werden. Die Achtsamkeit und Konzentration, die wir schaffen, lassen den Samen des Verstehens und des Mitgefühls in uns wachsen. Gründet unser Brief in der Achtsamkeit, die wir während des ganzen Tages geschaffen haben, dann wird es ein wundervoller Brief sein. Auch wenn wir nicht über den Brief nachdenken, den wir an den geliebten Menschen schreiben, wird dieser Brief tief unten in unserem Bewusstsein geschrieben.

Wir können aber nicht einfach nur dasitzen und schreiben. Wir müssen auch andere Dinge tun. Wir trinken Tee, bereiten das Frühstück vor, waschen unsere Kleidung, putzen das Gemüse. Die Zeit, die wir damit verbringen, ist sehr wichtig. Wir müssen all das gut tun, müssen uns zu hundert Prozent auf den Akt des Kochens, des Gießens im Gemüsegarten und des Abwaschens einlassen. Wir genießen einfach, was wir tun, und wir tun es in sehr tiefer Weise. Das ist sehr wichtig für unseren Brief und auch für alles andere, was wir schaffen wollen.

Erleuchtung existiert nicht unabhängig vom Abwaschen oder Salatanbauen. Unsere Praxis besteht darin, jeden Augenblick unseres täglichen Lebens in Achtsamkeit und Konzentration zu leben. Auch die Konzeption und der kreative Schaffensprozess eines Kunstwerks geschehen genau in solchen Momenten unseres täglichen Lebens. Der Zeitpunkt, zu dem wir die Noten des Musikstücks oder das Gedicht aufschreiben, ist nur der Zeitpunkt der Geburt des Babys. Das Baby muss in uns bereits vorhanden sein, damit wir es gebären können. Ist in uns kein Baby, können wir Stunde um Stunde an unserem Schreibtisch sitzen, und wir haben nichts, was wir in die Welt geben könnten, nichts, was wir schaffen. Unsere Einsicht, unser Mitgefühl und unsere Fähigkeit, so zu schreiben, dass wir damit das Herz des anderen Menschen berühren, sind Blüten, die auf dem Baum der Praxis wachsen. Wir sollten jeden Moment unseres täglichen Lebens gut nutzen, damit Einsicht und Mitgefühl erblühen können.

Die Energie der Achtsamkeit in uns lässt uns einen wirklichen Liebesbrief schreiben und uns mit dem anderen Menschen wieder versöhnen. Sonst ist es kein Liebesbrief. Ein wahrer Liebesbrief kann den anderen Menschen transformieren und damit auch die Welt. Doch bevor das geschehen kann, muss er uns transformieren. Für manche Briefe brauchen wir vielleicht unser ganzes Leben, um sie zu schreiben.

Ein Mangel an Geschick

Wir sollten uns nicht durch die Erkenntnis entmutigen lassen, dass wir in der Vergangenheit gelitten haben und andere Menschen haben leiden lassen. Sind wir imstande, mit unserem Leid umzugehen, werden wir aus unserem Leid sogar Nutzen ziehen können. Natürlich haben wir Fehler gemacht. Natürlich waren wir nicht immer sehr geschickt. Natürlich haben wir uns selbst Leiden bereitet. Natürlich haben wir den Menschen in unserem Umfeld Leiden bereitet. Doch das hindert uns nicht daran, neu zu beginnen und die Dinge im nächsten Jahr oder sogar im nächsten Moment besser zu machen. Wir sollten unser

Leiden so betrachten, dass es zu etwas Positivem wird. Wir alle haben Fehler gemacht und uns ungeschickt verhalten. Doch hindert uns das nicht daran, uns zu verbessern, neu zu beginnen und uns zu transformieren.

Wenn etwas nicht in Ordnung ist, wollen wir es sofort reparieren. Wir wollen, dass der Schmerz und das Leiden, das Fehlerhafte, so schnell wie möglich wieder weg sind. Doch wenn etwas Schwieriges geschieht, liegt der erste Schritt darin, es nicht sofort reparieren zu wollen. Der erste Schritt ist, es einzuräumen, zuzugeben. Nachdem wir einige Zeit für uns waren, ist es oft leichter, auf die andere Person, mit der wir im Streit liegen, wieder zuzugehen. Wir können sagen: »Liebste/r, ich weiß, dass du in den vergangenen Monaten oder Jahren viel gelitten hast. Teilweise bin ich für dieses Leiden verantwortlich. Ich war nicht sehr achtsam. Ich habe dein Leiden und deine Schwierigkeiten zu wenig verstanden. Ich habe vielleicht Dinge gesagt oder getan, die die Situation verschlimmert haben. Es tut mir leid. Ich will das nicht. Ich will, dass du glücklich bist, dich sicher, frei und voller Freude fühlst. Da ich dich nicht gut genug verstanden habe, nicht genug über dein Leiden wusste, habe ich mich manchmal ungeschickt verhalten. Vielleicht hast du sogar den Eindruck gewonnen, ich möchte, dass du leidest. Aber das ist nicht wahr. Bitte erzähl mir von deinem Schmerz, damit ich denselben Fehler nicht wieder mache. Dein Glück ist entscheidend für mein Glück. Ich brauche deine Hilfe. Lass mich von deinen Ängsten, deinen Sorgen, deinen Schwierigkeiten wissen, damit ich dir leichter helfen kann.«

Diese Art der Sprache ist aus unserem Gewahrsein geboren. Viele von uns waren nicht achtsam genug, um die Schwierigkeiten, das Leiden, die Wut und den Schmerz ihrer Kinder zu sehen. Eltern sollten mit ihren Kindern in einer direkt vom Herzen kommenden Sprache sprechen.

Indem wir auf diese Weise zu sprechen lernen, werden wir die Kommunikation zwischen uns wiederherstellen und Frieden mit unserem Kind schließen können. Der Prozess der Versöhnung hat begonnen.

Wir alle wissen, dass Frieden mit uns selbst beginnen muss. Aber nicht jeder weiß, wie. Versöhnung ist leichter möglich, wenn wir die Energie der Achtsamkeit erzeugt und unser Leiden in Verstehen und Mitgefühl transformiert haben. Vorher ist Versöhnung unmöglich. Stolz, Wut und Angst stehen uns im Wege. Doch Achtsamkeit und Verstehen können bis zum Grund unseres Herzens durchdringen, und der Nektar des Mitgefühls wird emporsprudeln.

Uns mit uns selbst versöhnen

Ein Paar, das in Plum Village heiraten wollte, kam zu mir und fragte: »Thay, in vierundzwanzig Stunden werden wir heiraten. Was können wir tun, damit unsere Ehe erfolgreich wird.« Ich antwortete: »Das Wichtigste ist, dass ihr tief in euch hineinschaut, um zu erkennen, ob da in euch noch irgendwelche Hindernisse sind? Gibt es in diesem Moment noch irgendjemanden, mit dem oder der ihr euch noch nicht versöhnt habt? Gibt es in diesem Moment noch etwas, mit dem ihr euch noch nicht versöhnt habt?« Versöhnung ist nicht immer Versöhnung mit einem anderen Menschen, sondern kann auch Versöhnung mit uns selbst sein. Es gibt so viele Konflikte in uns, und wir müssen uns ruhig hinsetzen und sie ausgleichen und harmonisieren. Wir müssen tiefes Gehen, tiefes Sitzen praktizieren, um unsere eigene Situation klar zu erkennen und zu sehen, was zu tun ist.

Wir machen Gehmeditation, Sitzmeditation, wir kochen, wir waschen ab und tun all das, um tief zu schauen und zu erkennen, was jetzt ansteht, damit wir neu beginnen können. Es stellte sich heraus, dass es für dieses Paar vor der Eheschließung noch viel zu tun gab, und sie hatten nur noch vierundzwanzig Stunden Zeit. Sie hatten einen Freund, mit dem sie sich sehr schnell versöhnen mussten. Aber wie sollte ihn ein Brief innerhalb von vierundzwanzig Stunden erreichen? Doch es genügt zunächst, wenn Versöhnung innen geschieht, denn die Wirkung der Versöhnung, das Resultat, wird später überall spürbar sein.

Selbst wenn die Person, mit der wir uns versöhnen wollen, sehr weit weg ist, selbst wenn sie sich weigert, unseren Anruf entgegenzunehmen oder unseren Brief zu öffnen, selbst wenn sie schon gestorben ist, selbst dann ist Versöhnung immer noch möglich. Diese Person mag unser Vater, unsere Mutter, unsere Schwester, unser Bruder, unsere Tochter oder unser Sohn sein. Diese Person mag noch leben oder bereits gestorben sein. Versöhnung ist noch immer möglich. Versöhnung müssen wir zunächst in uns selbst verwirklichen, damit Frieden wiederhergestellt werden kann. Wir wissen, es gibt die Möglichkeit, neu zu beginnen, alles wieder neu zu machen. Vielleicht ist unsere Mutter bereits gestorben. Doch schauen wir tief, können wir sehen, dass sie immer noch in uns lebendig ist. Wir könnten ohne unsere Mutter überhaupt nicht *sein*. Selbst wenn wir sie hassen, wenn wir wütend auf sie sind, selbst wenn wir nicht an sie denken wollen, ist sie in uns. Und mehr als das: sie ist wir. Und wir sind sie. Wir sind die Tochter oder der Sohn unserer Mutter. Wir sind die Fortführung unserer Mutter. Wir sind unsere Mutter – ob wir das nun mögen oder nicht. Versöhnung geschieht in einem selbst. Sich mit der Mutter, dem Vater, dem Sohn, der Tochter oder unserem Partner, unserer Partnerin zu versöhnen, bedeutet, uns mit uns selbst auszusöhnen.

Manchmal bedauern wir es, wenn wir nicht die richtigen Worte bei einem Familienmitglied vor seinem Tod gefunden haben. Wir bedauern, dass wir während seines Lebens nicht freundlich zu ihm waren. Jetzt kommt es uns so vor, als wäre es zu spät. Wir müssen aber einem solchen Bedauern nicht nachgeben. Dieser Mensch ist immer noch in uns, und wir können ganz neu beginnen. Wir lächeln ihn an und sagen all das, was wir hätten sagen sollen, aber nicht die Chance hatten, zu sagen. Sagen Sie es jetzt, und er oder sie wird es hören. Manchmal müssen wir auch gar nichts sagen. Wir müssen nur in dem Geist leben, den wir durch die Praxis des Neubeginns gefunden haben, und er wird es wissen.

Einem amerikanischen Veteran, der in Vietnam fünf Kinder getötet hatte, sagte ich einst: »Sie müssen nicht weiter leiden wegen der fünf Kinder, die Sie umgebracht haben. Wenn Sie wissen, wie Sie Ihr Leben jetzt zu leben haben, wie Sie die Kinder der Gegenwart und Zukunft retten können, werden diese fünf Kinder Sie verstehen, sie werden Sie anlächeln und Sie auf Ihrem Weg unterstützen.« Es besteht kein Grund, in unseren Schuldgefühlen gefangen zu bleiben. Alles ist möglich. Die Vergangenheit ist nicht vorbei. Die Vergangenheit ist uns in Form der Gegenwart zugänglich. Wissen wir, wie wir die Gegenwart tief berühren können, berühren wir die Vergangenheit und können sie sogar verändern. Das ist die Lehre des Buddha. Wenn wir zu unserer verstorbenen Großmutter etwas Unfreundliches gesagt haben, können wir neu beginnen. Wir setzen uns einfach hin, atmen achtsam ein und aus und bitten unsere Großmutter, in uns da zu sein. Wir lächeln sie an und sagen: »Großmutter, es tut mir leid. Ich will so etwas nicht mehr sagen«, und wir werden das Lächeln unserer Großmutter sehen. Diese Praxis wird uns Frieden bringen, wird uns erneuern, und wir werden

den Menschen in unserem Umfeld und künftigen Generationen viel Freude und Glück bereiten.

Wenn wir andere Menschen verletzt haben

Was können wir tun, wenn wir andere Menschen so verletzt haben, dass sie uns jetzt für ihre Feinde halten? Es mögen Menschen aus unserer Familie, unserer Gemeinschaft oder aus anderen Ländern sein. Ich denke, wir wissen die Antwort. Es gibt ein paar Dinge, die wir tun können. Das Erste ist, sich die Zeit zu nehmen und zu sagen: »Es tut mir leid, ich habe dich aus Unwissenheit heraus verletzt, aus einem Mangel an Achtsamkeit und Geschick. Ich werde mein Möglichstes tun, verständnisvoller zu sein. Ich werde jetzt nichts mehr sagen. Ich möchte dich nicht erneut verletzen.« Manchmal haben wir gar nicht die Absicht, jemanden zu verletzen, doch weil wir nicht achtsam und im Umgang geschickt sind, verletzen wir den oder die andere. Es ist wichtig, in unserem täglichen Leben achtsam zu sein, damit wir so kommunizieren können, dass wir andere nicht verletzen.

Das Zweite ist, dass wir versuchen müssen, in uns das Beste hervorzubringen, um uns zu transformieren. Nur so können wir zeigen, was wir gerade gesagt haben. Sind wir offen und freundlich, wird das die andere Person schnell erkennen. Ist dann die Gelegenheit da, uns ihr zu nähern, können wir zu ihr als eine Blume kommen, und sie wird sofort sehen, dass wir nun ganz anders sind. Wir müssen vielleicht noch nicht einmal etwas sagen. Schon allein, wenn sie uns so sieht, wird sie uns akzeptieren und vergeben. Wir teilen uns durch unser ganzes Leben mit, nicht nur durch unsere Worte.

Sehen wir, dass unser »Feind« leidet, beginnt damit unsere Einsicht. Verspüren wir in uns den Wunsch, dass die andere Person nicht mehr leiden möge, ist das ein Zeichen wirklicher Liebe. Doch Vorsicht! Manchmal halten wir uns vielleicht für stärker, als wir tatsächlich sind. Um unsere tatsächliche Stärke zu testen, sollten wir zu der anderen Person hingehen, ihr zuhören und mit ihr sprechen. Und sofort werden wir merken, ob unser liebevolles Mitgefühl echt ist. Die andere Person muss real da sein, damit wir unsere Stärke testen können. Meditieren wir lediglich über ein abstraktes Prinzip wie Verstehen oder Liebe, existiert das alles vielleicht nur in unserer Vorstellung und ist kein wirkliches Verstehen oder tatsächliche Liebe.

Versöhnung bedeutet, unsere dualistische Sicht hinter uns zu lassen, ebenso wie unsere Neigung, den oder die andere zu bestrafen. Versöhnung widersetzt sich jedem Ehrgeiz, doch sie nimmt nicht Partei. Die meisten von uns wollen im Konfliktfall Partei ergreifen. Wir unterscheiden Richtig und Falsch, basierend auf einseitigen Hinweisen oder dem Hörensagen. Wir meinen, wir müssten uns empören, um zu handeln. Doch selbst legitime rechtschaffene Empörung reicht nicht aus. Unserer Welt mangelt es nicht an Menschen, die gewillt sind, sich in Aktionen zu stürzen. Was wir brauchen, sind Menschen, die imstande sind, zu lieben und nicht Partei zu ergreifen, so dass sie die ganze Wirklichkeit umarmen können.

Wir müssen uns so lange in Achtsamkeit und Versöhnung üben, bis wir die Körper hungriger Kinder als unsere eigenen erkennen können, bis der Schmerz in den Körpern aller Gattungen unser eigener ist. Dann haben wir Nicht-Unterscheidung, wirkliche Liebe verwirklicht. Dann können wir alle Wesen mit den Augen des Mitgefühls betrachten, und wir können uns daranmachen, das Leiden lindern zu helfen.

Was hält uns davon ab, glücklich zu sein?

Wir praktizieren, weil wir immer wieder lernen wollen, wie man geht, atmet, sitzt – so zu gehen, dass während des gesamten Gehens Frieden und Glück möglich werden, so zu atmen, dass wir Frieden und Glück erkennen und beim Namen nennen. Was hält uns davon ab, auf diese Weise zu gehen, zu atmen und unser Frühstück freudvoll und glücklich zu uns zu nehmen? Wir wissen sehr wohl, dass der gegenwärtige Moment der einzige Moment ist, in dem wir mit dem Leben in Berührung sein können. Die Vergangenheit ist nicht mehr; die Vergangenheit umfasst das Leben nicht länger. Und die Zukunft ist noch nicht da. Die Vergangenheit ist nichts Wirkliches, und die Zukunft ist es auch nicht. Nur der gegenwärtige Moment ist real. Die Praxis besteht also darin, mit dem gegenwärtigen Moment in Berührung zu kommen, uns für den gegenwärtigen Moment verfügbar zu machen, uns selbst im gegenwärtigen Moment zu gründen. Dann können wir das Leben berühren, und dann leben wir es tatsächlich. Das geschieht mit einem Schritt; es geschieht mit einem Atemzug, mit einer Tasse Tee, einem Frühstück, es geschieht bei einem Glockenklang. All das bringt uns in den gegenwärtigen Moment zurück, damit wir unser Leben leben können. Wir üben uns darin, so zu gehen, dass jeder Schritt, jedes Einatmen und jedes Ausatmen uns Glück und Lebendigkeit bringen.

Die Vergangenheit in den gegenwärtigen Moment verwandeln

Vielleicht haben wir während eines Retreats oder Aufenthalts in einem Praxis-Zentrum keinerlei Probleme, doch kommen wir nach Hause zurück, ist das Problem, möglicherweise in Form eines anderen Menschen, wieder da. Wir hatten in der Vergangenheit große Schwierigkeiten, und wir glauben, der andere sei das Problem, und deshalb sei es für uns nicht möglich, zu atmen und die Osterblumen zu betrachten. Wir denken die ganze Zeit daran, dass wir zurückkehren und diesem Menschen wieder begegnen müssen. Wir sind also nicht frei. Wir können unser Einatmen und Ausatmen nicht wirklich genießen, weil wir in Gedanken immer damit beschäftigt sind. Wir rutschen wieder und wieder in die Vergangenheit zurück. Doch wir können uns im Hier und Jetzt verankern, denn es gibt nur das Hier und Jetzt, in dem wir leben können.

Die Angst, einem anderen Menschen zu begegnen, kann uns quälen. Wenn wir tief schauen, können wir aber erkennen, dass wir imstande sind, die Situation zu meistern, und zwar dank der Praxis des achtsamen Atmens und indem wir uns im gegenwärtigen Moment gründen. Wir sind fähig, mit allen möglichen Umständen fertigzuwerden. Wir können das mit dem Wissen vergleichen, wie man Gas zum Kochen nutzt und Strom, um unser Haus oder unsere Wohnung zu heizen. Wissen wir zu wenig über diese Dinge, können uns unter Umständen Gas oder Strom töten. Doch wir wissen genug. Selbst wenn wir nicht alles über Elektrizität wissen und von Beruf kein Elektriker sind, so wissen wir genug darüber, um damit umzugehen. Darum haben wir keine Angst, dass uns die Elektrizität töten könnte. Wir fürchten uns nicht vor Strom und Gas, weil wir damit umzugehen wissen. Wir können durch Gas oder elektrischen Strom zwar umkommen, aber nicht, weil sie uns töten wollten. Das wollen sie natürlich nicht. Tatsächlich hilft uns das Gas beim Kochen, und der elektrische Strom ist in vielfältiger Hinsicht in unserem Haushalt nützlich.

Das gilt genauso für den Menschen, mit dem wir

Schwierigkeiten haben. Er hat nicht den Wunsch, uns leiden zu lassen. Es ist unsere eigene Unfähigkeit, uns mit ihm zu verbinden, *inter zu sein,* die uns leiden lässt. Wir müssen diesen Menschen gut verstehen. Zu wissen, wie er »tickt«, ist prinzipiell nichts anderes, als das Funktionieren von Gas oder elektrischem Strom zu verstehen; die Gefahren sind dann gebannt, und wir leiden nicht mehr. Die andere Person ist von gleichem Wesen wie wir. Sie will uns nicht verletzen, uns leiden lassen. Sie leidet, und wir müssen ihr zur Seite stehen.

Wir setzen uns einfach hin, wir schauen tief, fürchten uns nicht mehr und sagen uns: »Wenn ich zu diesem Menschen zurückkehre, werde ich das Verfahren anwenden. Ich will nicht mehr leiden. Ich werde einen Weg finden, ihm zu helfen, weniger zu leiden.« Wir sind gut gerüstet, denn wir sind mit Mitgefühl und Verstehen ausgestattet, und wir fürchten uns nicht mehr. Wir sind frei. Darum ist Glück im gegenwärtigen Moment möglich. Die Blume hat das Lächeln für uns aufbewahrt, wir können es sofort zurückholen und genießen.

Haben Sie ein Problem, genau jetzt, in diesem Moment? Betrachten Sie sich in Ihrer körperlichen Form, Ihren Gefühlen, Ihren Wahrnehmungen. Haben Sie ein Problem? Wenn wir sehen, dass wir im gegenwärtigen Moment keinerlei Probleme haben, sollten wir nicht zulassen, dass uns die Geister der Vergangenheit beherrschen. Wir sollten uns nicht von den Projektionen der Vergangenheit oder Zukunft niederdrücken lassen. Sie sind nur Gespinste. Darum üben wir uns darin, immer im gegenwärtigen Moment zu sein. Das ist unsere Übung. Das ist unser Weg. Es ist der Weg zur Versöhnung.

Zu einem Bodhisattva werden

Viele von uns üben Sitzmeditation, um vor dem Leiden davonzulaufen, denn durch Sitzmeditation erlangen wir ein gewisses Maß an Stille und Entspannung. Sie hilft uns, die Welt des Unglücklichseins und Streits hinter uns zu lassen und etwas Freude und Glück zu erfahren. Wir sitzen, um weniger zu leiden, und verhalten uns wie ein Kaninchen, das sich in ein Erdloch zurückzieht, weil es sich dort sicher fühlt. Wie das Kaninchen sitzen auch wir in unserem Loch, weil wir nicht gestört werden wollen; wir wollen die Welt hinter uns lassen. Wir handeln so, weil wir sehr leiden und eine Art Pause davon wollen. Der eigentliche Zweck der Meditation ist jedoch nicht, Leiden zu vermeiden. Wir können mit ihrer Hilfe aber unsere Klugheit und Konzentration steigern, um Einsicht zu erlangen und das Leiden in uns zu überwinden. So werden wir schließlich ein Buddha – ein erwachter, ein freier Mensch.

Im Buddhismus gibt es die Vorstellung der drei Welten: der Welt des Verlangens und Festhaltens; der Welt der Form und der Welt der Nicht-Form. Wir sind imstande, Festhalten und Verlangen loszulassen und üben uns darin, diese Welt hinter uns zu lassen, um Freude und Glück zu erlangen. Das ist der erste Schritt in unserer Übung. Doch selbst wenn wir den Bereich des Verlangens verlassen haben, geht unser geistiges Geplapper weiter. Darum üben wir uns in Stille, um darin innehalten zu können. Unser inneres Gerede besteht aus zwei Elementen: *vitarka* und *vicara*. Vitarka kann als »Einsetzen des Denkens« übersetzt werden und Vicara als »angewandtes Denken«, womit ein reflektierendes und fortwährendes Denken gemeint ist.

Wir können nicht aufhören zu denken. In unserem Kopf läuft fortwährend ein Band, das ist der Lärm unseres unausgesetzten geistigen Geredes. Um es anzuhalten, wird empfohlen, uns ausschließlich im Einatmen und Ausatmen wahrzunehmen. Wir halten unser Denken an, indem wir einfach nur in unserem Einatmen und Ausatmen verweilen. Wir genießen unser Einatmen und Ausatmen und sind so fähig, das geistige Geplapper anzuhalten. Und das ist Stille. Wir sitzen da und genießen die Stille, die Abwesenheit geistigen Geplappers, genießen ein gewisses Maß an Freude und etwas Glück.

Doch das ist nicht genug. Wenn wir uns nur darin üben, werden wir vielleicht drei Jahre später die Praxisgemeinschaft wieder verlassen. Kehren wir dann zurück in die Welt, werden wir erneut sehen, wie viel Leid es in der Welt gibt. Und nach drei Monaten oder einem Jahr in dieser Welt wollen wir in die Gemeinschaft zurückkehren. Und das geht dann so weiter. Vielleicht werden wir wieder so praktizieren: Freude und Glück erfahren, die aus der Stille herrühren, oder darin gründen, dass wir alles hinter uns lassen.

Wir müssen aber tiefer gehen. Sind wir als Praktizierende nicht glücklich, machen wir andere für unser Unglück verantwortlich. Wir meinen, wegen der Bedingungen außerhalb von uns und in unserem Umfeld seien wir nicht vollkommen glücklich und es läge nicht an uns. Dieses Problem gibt es in allen Praxisgemeinschaften. Doch wenn wir wissen, worin das Problem besteht, werden wir uns in unserer Gemeinschaft anders ausrichten können. Die Menschen können dann, wenn sie unglücklich sind, erkennen, dass dies aus fehlendem Wissen darüber herrührt, wie man sein Glück bewahren kann. In dem Fall wissen sie nicht, wie man tiefer gehen kann, um den Schmerz, den Kummer und das tiefe Leiden zu transformieren, die noch immer in den Tiefen des Bewusstseins liegen.

Dieses Leiden mag ein während der Kindheit erfahrenes Leid sein. Vielleicht sind wir als Kind missbraucht worden. Oder unser Leiden ist das Leiden unseres Vaters, unserer Mutter, die während ihrer eigenen Kindheit schlecht behandelt wurden, und nun ist ihr Leiden unseres geworden. Wenn wir nur ein vages Gefühl für unser Leid haben, ist es wichtig zu praktizieren, um damit in Berührung zu kommen. Dann können wir unsere Einsicht nutzen, um es zu erkennen. Müssen wir auf diese Weise leiden, sagen wir: »Ich werde leiden, denn ich kenne diese Art des Leids; ich werde es noch näher erfahren, und das wird gut für mich sein.« Es ist so, wie eine Bittermelone zu essen. Wir haben keine Angst davor. Wir wissen, dass uns eine Bittermelone helfen wird.

Wenn also Leidvolles hochkommt, dann bleiben Sie, wo Sie sind, und heißen Sie es willkommen, ob es sich nun um Ihren Zorn, Ihre Enttäuschung oder um Ihr Sehnen nach etwas Befriedigendem handelt. Auch wenn dieses Leiden nicht so leicht bestimmbar sein sollte und Sie nicht wissen, wie Sie es benennen könnten, so handelt es sich doch um Leiden. Seien Sie also bereit, ihm »Hallo« zu sagen, es zärtlich zu umarmen und mit ihm zu leben.

Wenn wir das Leiden akzeptiert haben und bereit sind, es zu erfahren, wird es uns nicht länger quälen. Wir spüren, dass wir imstande sind, Leiden zu leben wie eine Bittermelone, die uns guttut und heilt. Darum erlauben wir dem Leiden, da zu sein. Wir akzeptieren es und sind bereit, in gewissem Maße zu leiden, um neue Erfahrungen zu machen. Nehmen wir unser Leiden nicht an, umarmen wir es nicht zärtlich, werden wir nie wissen, was es ist, und wir werden nie erfahren, dass es uns etwas lehrt und dass es uns Freude und Glück bringt. Wahres Glück ist unmöglich, wenn wir Leiden nicht verstehen.

Das Ende des Missverstehens

Während des Vietnamkriegs glaubten Millionen Menschen, ich wäre ein Kommunist, andere wiederum hielten mich für einen CIA-Agenten. Wären Sie in einer solchen Position, würden Sie vielleicht sehr darunter leiden. Sie hätten vielleicht das Gefühl, ein Opfer von Missverständnissen und von Ungerechtigkeit zu sein. Möglicherweise glaubten Sie, Ihr Leiden werde erst dann aufhören, wenn die Leute Sie nicht mehr für einen Kommunisten oder einen CIA-Agenten hielten. Doch Sie können auch etwas anderes tun: die Situation akzeptieren. Ja, da gibt es Millionen Menschen, die glauben, Sie seien ein Kommunist, und da gibt es Millionen andere, die glauben, Sie unterstützten die CIA. Doch das ist nur deren Sichtweise. Ich bin weder Kommunist noch CIA-Agent, von daher gibt es keinen Grund zu leiden. Nur indem ich mein Leben lebe – durch mein Handeln, durch meine Worte –, kann ich mir beweisen, dass ich für eine gute Sache eintrete: für Frieden und Versöhnung. Mit dieser Haltung kann uns dann diese Art des Leidens nicht mehr quälen.

Leiden entsteht aufgrund fehlenden Verstehens, aufgrund von Wut, Hass und Ignoranz. Zählen wir auf andere, um diese Ursachen für uns zu beseitigen, müssen wir wohl lange warten. Wir sollten tiefer gehen und unsere Konzentration und Einsicht dafür nutzen, zu erkennen, dass die Menschen in unserem Umfeld aufgrund ihrer Denkweise, ihres Sprechens und ihres Handelns leiden. Und wenn wir so leiden wie sie, werden wir ihnen nicht helfen können. Wir müssen uns also daranmachen, unser eigenes Leiden zu transformieren sowie Einsicht und Mitgefühl zu entwickeln, damit wir ihnen dann später helfen können. Mit dieser Haltung, diesem Verständnis werden wir nicht mehr leiden, denn wir verfügen jetzt über Einsicht und Mitgefühl, die wir nur durch Übung erwerben können.

Auch der Buddha war in seinem Leben Schwierigkeiten und Ungerechtigkeiten dieser Art ausgesetzt. Einmal hatten Leute eine Tänzerin getötet, ihren Körper auf dem Klostergelände begraben und dann die Polizei informiert. Die Polizei kam, entdeckte den Leichnam und verbreitete dann die Nachricht, der Buddha und die Mönche hätten sexuelle Beziehungen zu der Tänzerin unterhalten, sie dann getötet und verscharrt. Am Morgen, als die Mönche ihre Robe angelegt hatten und mit ihren Almosenschalen in die Stadt auf Almosenrunde gingen, wurden sie von den Menschen dort mit einem nur schwer aushaltbaren Blick angesehen – einem Blick voller Misstrauen und Verachtung. Das ging viele, viele Tage so.

Die Mönche wandten sich an den Buddha und sagten: »Verehrter Lehrer, wir können das nicht mehr aushalten. Jedes Mal, wenn wir in die Stadt gehen, schauen uns die Menschen auf diese Weise an. Wir leiden so sehr darunter.« Der Buddha sagte: »Das Entscheidende ist, dass ihr es nicht getan habt, dass ihr nicht das getan habt, für das euch die Leute so verdammen. Ihr wisst sehr genau, dass ihr eure Mönchsregeln eingehalten habt. Das ist unsere Übung. Durch die Art, wie ihr euer Leben lebt, wie ihr praktiziert, wird dieses Missverstehen verschwinden. Solche Dinge passieren in der Welt. Verfügt ihr über Verstehen und Mitgefühl, müsst ihr auch nicht leiden. Es gibt Menschen, die eifersüchtig sind, die versuchen, Umstände zu schaffen, durch die unser Ansehen besudelt wird. Diese

Menschen müssen unter ihrer Eifersucht sehr leiden, um solche Dinge überhaupt tun zu können. Wir müssen ihnen also mitfühlend begegnen. Durch eure Praxis könnt ihr ihnen vielleicht helfen, zu erwachen und zu erkennen, dass das, was sie tun, Menschen nicht würdig ist, die auf einem spirituellen Pfad sind.« Und dank dieser Worte litten die Mönche nicht mehr.

Einige Wochen später engagierte der Laie Anathapindika, ein Schüler und großer Unterstützer des Buddha, Privatdetektive, und die machten die Leute ausfindig, die dieses Verbrechen begangen hatten. Doch die Gemeinschaft des Buddha hatte unter diesen Ereignissen fast einen Monat lang leiden müssen.

Ob Sie also ein wenig leiden oder sehr leiden oder überhaupt nicht leiden – das hängt davon ab, ob Sie über Einsicht verfügen und über Mitgefühl oder eben nicht. Es hängt vollkommen von Ihnen allein ab. Wenn Sie also in gewissem Maß leiden müssen, dann erlauben Sie sich das. Umarmen Sie zärtlich Ihr Leiden, leiden Sie mit ganzem Herzen, und dann schauen Sie tief genug, nutzen Sie Ihre Konzentration und Ihre Einsicht, um Verstehen und Mitgefühl hervorzubringen. Dann werden Sie die Menschen nicht hassen, deren Bestreben es war, Sie leiden zu lassen. Und Sie geloben, so zu leben und zu praktizieren, dass Sie imstande sein werden, ihnen später zu helfen.

Ist Ihnen Ihr Leiden von Vater oder Mutter übertragen worden, dann sollten Sie Ihren Vater oder Ihre Mutter dafür nicht verantwortlich machen. Ihre Eltern hatten vermutlich nicht die Gelegenheit, dem Dharma, der Praxis zu begegnen, darum ist das Leiden auf Sie übergegangen. Wissen Sie aber zu praktizieren, werden Sie dem Vater und der Mutter in Ihnen helfen können. Sie sind bereit, für ihn zu leiden und auch für sie zu leiden. Ein solches Leiden ist nichts Negatives. Sie leiden, um einen

Ausweg zu finden. Erlauben Sie sich, ein wenig zu leiden. Versuchen Sie nicht, dem zu entkommen. Es ist eine wundervolle Praxis. Viele Kinder hassen anfangs Bittermelone, doch wenn sie größer werden, essen sie Bittermelonensuppe ausgesprochen gern!

Schwierig ist es, wenn wir wissen, dass wir leiden, aber nicht wissen, worin das Leiden besteht. Es ist ein eher unbestimmtes, unklares Gefühl, das wir gar nicht genau benennen können. Es ist aber da, in uns, und doch ist es für uns schwierig, das Licht der Bewusstheit darauf zu richten und es deutlich zu erkennen. Wir haben eine Art Blockade in uns, einen Widerstand und neigen zudem dazu, davor wegzulaufen, statt zu uns nach Hause zurückzukehren und es zu erkennen. Wie wir wissen, ist das eine Neigung des Speicherbewusstseins. Jedes Mal, wenn wir dabei sind, das Leiden zu berühren, wollen wir das nicht und laufen lieber davon. Wir haben das lange Zeit getan, und deswegen hatten wir keine Chance, dem Leiden zu begegnen, es zu erkennen und zu identifizieren. Wir versichern uns jetzt, das nicht mehr tun zu wollen. Wir versuchen nicht mehr davonzulaufen, wenn Leiden sich in uns regt. Wir halten inne und heißen es willkommen. Und durch Beobachtung, durch Achtsamkeit werden wir in der Lage sein, das Leiden auch zu identifizieren, denn jede Form des Leidens wird sich stets zu manifestieren suchen. Wir müssen nicht in die Vergangenheit zurückgehen, um das jeweilige Leid zu treffen und zu erkennen. Wir bleiben einfach im gegenwärtigen Moment mit Wachsamkeit, mit Achtsamkeit, und auf die eine oder andere Weise wird es sich zeigen. Erkennen wir die Zeichen seiner Manifestation, werden wir seine Natur erkennen können.

Die Übung buddhistischer Meditation ist im gegenwärtigen Moment verankert. Wir müssen nicht in die Vergangenheit zurückgehen, in unsere Kindheit, um unserem Leiden und der Ursache unseres Leidens zu begegnen. Wir bleiben einfach im gegenwärtigen Moment und nehmen wahr. Das Leiden, das seine Wurzeln in der Vergangenheit hat, vielleicht sogar in vergangenen Leben, wird sich manifestieren. Tatsächlich manifestiert es sich den ganzen Tag lang, und wir können es in seinen Manifestationen erkennen.

Homo conscius

Der Buddha gehört zu den schönsten Exemplaren der menschlichen Gattung, die wir »Homo conscius« nennen. Wir hatten den Homo erectus (den aufgerichteten Menschen); den Homo habilis (den geschickten Menschen) und den Homo sapiens (den weisen Menschen). Jetzt haben wir den Ausdruck Homo conscius (den bewussten Menschen). Homo conscius ist der Mensch, der bewusst, der achtsam ist. Diesen Ausdruck habe ich von anderen übernommen, ich habe ihn nicht erfunden.

Sind Menschen sich bewusst: »Ich werde krank werden … Ich werde alt werden … Ich werde sterben …«, dann bringt diese Bewusstheit Kummer, Ängste, Qualen mit sich, und das kann sich negativ auf die Gesundheit auswirken. Andere Gattungen haben vermutlich weniger Bewusstheit und leiden nicht an Zukunftssorgen oder -ängsten. Seit wir Menschen diese Angst haben, stellen wir philosophische Fragen wie: »Wer bin ich? Was wird mit mir geschehen? Habe ich in der Vergangenheit existiert? Wenn ja, welches Lebewesen war ich wohl? Werde ich in der Zukunft existieren? Wenn ja, welches Lebewesen werde ich dann wohl sein?« All diese Fragen erwachsen aus dieser Angst, und sie schaffen Krankheit und Unwohlsein. Auch Fragen wie: Haben mich meine Eltern gewollt? War meine Geburt ein Unfall? Liebt mich jemand?, haben ihre Ursache in dieser Angst und dem darauf basierenden Denken.

Doch die Fähigkeit, bewusst oder gewahr zu sein – das heißt, ein menschliches Wesen zu sein, das achtsam ist –, dies wird uns retten. Dieses Gewahrsein wird uns helfen, zu erkennen, dass die Erde allen Gattungen gehört, dass aber die menschliche Gattung dabei ist, die Umwelt zu zerstören. Wird Menschen das Leiden bewusst, das aus politischer Unterdrückung, aus gesellschaftlicher Ungerechtigkeit erwächst, und können sie diese Dinge wirklich klar sehen, dann werden sie auch in der Lage sein, damit aufzuhören. Und sie werden anderen helfen, damit aufzuhören und eine andere Richtung einzuschlagen, eine, die unseren Planeten nicht zerstört. Unser Gewahrsein schafft uns Sorgen und Ängste. Doch wenn wir wissen, wie wir dieses Gewahrsein, diese Achtsamkeit nutzen können, werden wir den Zustand, in dem wir uns befinden, erkennen können. Wir wissen dann, was wir tun und was wir unterlassen sollten, um Wandel, Frieden, Glück und ein Leben für die Zukunft zu bewirken.

In der Sitzmeditation geht es nicht um eine Art zukünftiger Erleuchtung. Beim Sitzen haben wir die Chance, ganz mit uns zu sein. Auf unserem Kissen sitzend, atmen wir so, dass wir vollkommen lebendig werden; wir sind vollkommen in der Gegenwart, im Hier und Jetzt. Zeit dafür zu haben, zu sitzen, Zeit dafür zu haben, zu gehen, Zeit dafür, sich die Zähne zu putzen, das Wasser zu genießen, das über unsere Hände läuft, während wir die Seife abspülen – das ist Zivilisation.

Essen wir zusammen, so sollte uns das Muße, Entspannung und Glück ermöglichen, denn es ist wirklich eine tiefe Übung, zusammen eine Mahlzeit einzunehmen. So wie beim Atmen, Sitzen, Gehen und Arbeiten essen wir in einer Weise, dass auch unsere Vorfahren mit uns essen. Ihr Vater isst mit Ihnen, Ihre Großeltern ebenso. Sitzen Sie ganz entspannt da, wie jemand, der oder die keinerlei Probleme und Ängste hat. Der Buddha lehrte uns, dass wir uns beim Essen nicht in sinnlosem Denken und belangloser Unterhaltung verlieren sollten. Wir sollten im gegenwärtigen Moment verweilen, um tief mit dem Essen und der Gemeinschaft um uns in Berührung zu sein. Wir sollten so essen, dass wir glücklich, entspannt und friedvoll sein können, was jedem unserer Vorfahren und unserer Nachfahren zugutekommt.

Als ich fünf oder sechs war, brachte mir meine Mutter, wenn sie zum Markt ging, jedes Mal einen Kuchen aus Bohnenteig mit. Während ihrer Abwesenheit spielte ich im Garten mit Schnecken und Steinen. Ich war sehr glücklich, wenn sie wieder da war, und ich nahm das Kuchenstück, das sie mir gab, und ging in den Garten, um es zu essen. Ich wusste, dass ich es nicht schnell essen wollte, ich wollte es langsam essen – je langsamer, desto besser. Ich biss nur eine kleine Ecke am Rand ab und kaute voller Bedacht, damit sich die ganze Süße des Kuchens in meinem Mund ausbreiten konnte. Ich schaute dabei in den blauen Himmel, schaute zum Hund hin, schaute zur Katze. Auf diese Weise aß ich den Kuchen und brauchte dafür eine halbe Stunde. Nichts sorgte mich. Ich dachte nicht an Ruhm, Ehre oder Profit. Der Kuchen meiner Kindheit ist ein Souvenir, eine wundervolle Erinnerung. Wir kennen alle gelebte Augenblicke wie diese, wenn wir nach nichts verlangen, nichts bereuen. Wir stellen uns dann keine philosophischen Fragen wie: Wer bin ich? Sind wir jetzt imstande, auf diese Weise ein Stück Kuchen zu essen, eine Tasse Tee zu trinken und uns daran zu erfreuen?

Wir können lernen, wieder zu gehen – gefestigt, als freier Mensch, ohne von Gespenstern gejagt zu werden. Wir können lernen, zu sitzen – so entspannt zu sitzen, als säßen wir auf der Spitze einer Lotosblüte, nicht auf heißen Kohlen; sitzen wir wie auf heißen Kohlen, verlieren wir unseren Frieden. Wir lernen, wie man atmet, wie man lächelt, wie man kocht. Unsere Mutter hat uns beigebracht, wie man isst, trinkt, aufsteht, geht, spricht – einfach alles hat sie uns gelehrt. Jetzt müssen wir all das noch einmal lernen – mit Achtsamkeit. Und so werden wir im Licht des Gewahrseins neu geboren.

Bodhicitta

Bodhicitta ist der Erleuchtungsgeist, der Anfängergeist. Sind wir inspiriert von dem Wunsch, zu praktizieren und unser Leiden umzuwandeln, damit wir den vielen leidenden Menschen um uns helfen können, so ist der Geisteszustand in diesem Augenblick ein sehr schöner; es ist der Geisteszustand eines Bodhisattva, eines Wesens, das Befreiung erlangt, um allen Wesen helfen zu können. Manchmal nennen wir das auch den Geist der Liebe. Aus Liebe heraus praktizieren wir. Wir versuchen nicht einfach nur, unserem Leiden zu entkommen. Wir wollen mehr als das. Wir wollen unser eigenes Leiden transformieren und frei sein, um vielen Menschen dabei zu helfen, ihr eigenes Leiden umzuwandeln. Als Mönche, Nonnen oder Laien sollten wir diesen Anfängergeist lebendig halten, denn er ist eine sehr machtvolle Quelle der Kraft. Sie wird uns nähren. Mit dieser Energiequelle werden wir die Achtsamkeitsübungen, die buddhistischen Richtlinien, gut praktizieren. Wir werden über genügend Energie verfügen, um den Schwierigkeiten, die in unserer Praxis auftreten mögen, zu begegnen und sie zu überwinden. Den

Geist der Liebe zu nähren, sich den Anfängergeist zu bewahren und Bodhicitta zu entfalten, ist eine sehr wichtige Praxis. Lassen Sie diese Praxis nicht nach zwei oder drei Jahren eingehen.

Ich habe das Glück, meinen Anfängergeist seit langer Zeit lebendig zu halten – und es ist nicht so, dass ich auf dem Pfad der Praxis nicht vielen Hindernissen begegnet wäre. Ich bin vielen Hindernissen begegnet. Aber ich habe niemals aufgegeben, weil Bodhicitta, der Anfängergeist, immer sehr stark in mir war. Sie sollten wissen, dass Sie sich um nichts sorgen müssen, solange der Anfängergeist in Ihnen wohnt und kraftvoll ist. Selbst wenn Ihr Pfad viele Hindernisse aufweist, werden Sie imstande sein, sie zu überwinden. In dem Moment, in dem Sie spüren, dass der Anfängergeist in Ihnen geschwächt ist, sollten Sie wissen, dass darin eine große Gefahr liegt, denn alles kann geschehen, wenn Ihr Bodhicitta, Ihr Anfängergeist, schwach ist. Lassen Sie daher nicht zu, dass er schwach wird. Kultivieren Sie Ihren Anfängergeist und bleiben Sie ein Leben lang ein Bodhisattva. Sie werden ein glücklicher Mensch sein. Und Sie werden vielen Menschen zum Glück verhelfen.

II Geschichten der Heilung

»Kleine Augen«

von *Lillian Alnev*

Es erfüllt mich noch immer mit Scham, einfach nur zu sagen, dass ich mich an viele traumatische Erlebnisse erinnern kann. Es gibt auch eine Liste, auf Papier, und auch das beschämt mich. Sie ist zu lang und grausig, um wahr sein zu können, und doch fühlt sich zur gleichen Zeit alles, was da steht, trivial an. Man sagte mir, dies seien die Schuldgefühle von Überlebenden. Vermutlich werde ich für immer daran arbeiten müssen, mit dem Vergleichen und Verurteilen meiner selbst aufzuhören.

Einige der Täter hätten als Verbrecher vor Gericht gestellt werden können, falls ihre Taten aufgedeckt worden wären. Ich bin Zeugin vieler ähnlicher Demütigungen geworden, die anderen zugefügt wurden. Doch das Ereignis meiner Kindheit, das für mich am herzzerreißendsten war, mag sachlich gesehen eher unbedeutend sein. Es ist aber auch das beste Beispiel für mich, dass meine Heilung begonnen hat.

Ich wuchs in einer ziemlich heruntergekommenen Gegend auf. Alles, was der Witterung ausgesetzt war, rostete in Windeseile. Doch die Großen Seen waren zu allen Jahreszeiten schön, und die Innenhöfe der Häuser waren vor den Wetterextremen geschützt und wie eine natürliche Kunstbox voller Holz, Steinen und diversen Materialien – ein Paradies für Kinder, die gerne etwas herstellen.

All meine freie Zeit verbrachte ich draußen und erbaute eine Miniatursiedlung ohne Schulen, Alkoholverkaufsstellen, Kirchen oder Gefängnisse. Ich baute ein Utopia, wo keiner meiner Peiniger Zutritt hatte. Ich errichtete

Holzhäuser und Steinhäuser mit Dachschindeln aus Rinde. Ich legte Straßen auf vereistem Boden an und staute das Regenwasser, um Seen und Kanäle zu bilden. Allmählich wuchs so eine Stadt heran. Es gab eine Farm mit riesigen Rettichen und Möhren, wobei ich die Samen dafür aus dem Familiengarten entwendet hatte. Meine Lieblingstiere und Dinosaurier zogen in die Häuser ein, und es entstand eine Gemeinschaft. Während ich das ganze Jahr über an meinem kleinen zivilen Projekt arbeitete, lebte ich in einer Illusion, mit einem Blick auf die Welt aus einer Höhe von circa 25 Zentimetern. Meine »kleinen Augen« entzückten mich, und, so empfand ich, sie beschützten mich auch.

An einem Sonntagmorgen im Winter wachte ich früh auf und zog mich an, weil ich meine Stadt unbedingt von Neuschnee bedeckt sehen wollte. Als ich aus dem Windschutz der Wacholderhecke an der Hintertür trat, sah ich eine Spur aus kleinen, schwarzen Schuhabdrücken, die von der Gartentür zu meinem Reich hinführte. Sie rührten von glatten Schuhsohlen her, nicht von den Autoreifenmustersohlen der Gummischuhe, die wir im Winter trugen. Mein erster Gedanke war, wie viel Ärger jemand bekommen würde, der seine Schulschuhe im Schnee trug.

Das, was die Spur bedeuten musste, traf mich einen Moment später. Meiner Erinnerung nach gab es keine Spuren, die wieder zurückführten. Der Besucher, meine Stadt und die Tiere schienen sich in Luft aufgelöst zu haben. Ich lief schreiend zurück ins Haus und beschuldigte meinen Vater, meine kleine Welt zerstört zu haben, als Form einer bizarren Bestrafung.

Was tatsächlich geschah, ist mir unbegreiflich. Ich hatte bereits Gewalt und Grausamkeit erfahren, doch niemand hatte mich bisher im wörtlichen Sinne bestohlen. Jetzt hatte aber jemand meine Tiere, meine Arbeit und damit auch meine »kleinen Augen« weggenommen. Ich begann, dem Land zu misstrauen. Meine künstlerischen Versuche wurden unbeholfen und sporadisch.

Ich habe das Glück, am Leben zu sein. Ich bin dankbar, eine spirituelle Praxis zu haben, und kann in Gemeinschaft mit anderen meditieren. Die Ermahnung »Triffst du den Buddha, dann töte ihn« tröstet mich; sie erinnert mich daran, dass es für mein Überleben ganz wesentlich ist, den äußeren Anschein infrage zu stellen.*

Als meine Sangha-Gefährten ein Retreat für Menschen mit traumatischen Erlebnissen oder Missbrauchserfahrungen als Kind organisierten und es »Das innere Kind heilen« nannten, schäumte mein innerer Kritiker vor Wut gegen die ganze »Innere-Helfer-Szene«. »Mein inneres Genie«, »mein innerer Chef« aktivierte meinen »verletzten inneren Aufrührer«. In Wahrheit hatte ich Angst. Doch ich meldete mich für das Retreat an und nahm an den Übungen teil. Ich schaffte es sogar, einen Brief an mein jüngeres Ich zu schreiben. »Hey, Kind, ich weiß, du magst deinen Namen nicht. Wie soll ich dich denn nennen?« So begann ich. Ich schrieb lange Zeit, doch ich entdeckte bald, dass die Stimme sich veränderte. Das Kind schrieb mir. Zunächst weinte ich nur. Dann hörte ich zu. Schließlich ging ich nach draußen und tat das, worum das Kind mich gebeten hatte.

Am Flussufer nahm ich einige glatte, kühle Steine. Sie fühlten sich gut in meiner Hand an. Ich begann, sie auf dem Sand anzuordnen. Einige Zeit später unterbrach die Glocke, die uns zum Abendessen rief, meine Konzentra-

---

* Dieser Ausspruch wird dem chinesischen Zen-Patriarchen Linji zugesprochen und bedeutet, dass wir unsere Vorstellung über jemanden oder etwas töten müssen, um der Wirklichkeit dieses Menschen oder dieser Sache direkt begegnen zu können.

tion. Ich wischte mir den Sand von den Händen und betrachtete das, was ich gemacht hatte. Auf einem schmalen Steintisch waren zwei Steinteller vollgehäuft mit Samen einer Uferpflanze. Zwei Steinstühle standen an den Tischseiten. Die Sitzgelegenheiten boten eine großartige Sicht auf das Wasser.

Früh am Morgen kehrte ich zum Fluss zurück. Die kleine Tischszenerie war noch immer da, und im feuchten Sand erkannte ich die Spuren von Rehen, Vögeln und zahlreichen kleinen Tieren, die ganz vorsichtig den Tisch umrundet hatten. Die Samen waren weg.

Spät am Nachmittag kehrte ich erneut zurück. Das kalte Wasser hatte seine Richtung geändert, und das ganze graue Ufer war wie neu, ganz glatt und leer gespült. Diesmal wusste ich, dass mir nichts gestohlen worden war. Als ich wieder zurückging zum Zendo, bemerkte ich, dass ich bis zu einer Höhe von vielleicht 25 Zentimetern mit einer lebendig-leuchtenden Klarheit sehen konnte. Da vermochte ich endlich damit zu beginnen zu trauern. Ich hatte meine »kleinen Augen« zurück.

»Was kann ich tun, um zu helfen?«

von *Joanne Friday*

Meine Mutter war fast ein Jahr lang sehr, sehr krank und während dieser Zeit achtmal im Krankenhaus. In den Zwischenphasen war sie in einem Pflegeheim. An einem dieser Orte besuchte ich sie mit meinem Vater. Mein Vater war ein Veteran aus dem Zweiten Weltkrieg, der es sehr erfolgreich verstand, seine Umgebung zu kontrollieren und Bedingungen zu schaffen, bei denen nichts Schlimmes passieren konnte. Er ist ein sehr penibel genauer Mensch, für den es sehr wichtig ist, dass alles seine Ordnung hat. Er war immer gut darin, sich um Dinge zu kümmern, und er kümmerte sich auch sehr gut um meine Mutter. Doch nun lag sie im Sterben, und das konnte man nicht mehr kontrollieren. Es war also sehr schwer für ihn. Gerieten Dinge außer Kontrolle, versuchte er noch mehr, sie zu kontrollieren, und er wurde ungeduldig, ärgerlich und wütend. Das ist einfach seine Gewohnheitsenergie.

Wir saßen in dem Pflegeheim, und er wurde ärgerlich und wütend über meine Mutter. Er war sehr ungeduldig mit ihr. Ich saß da und spürte, wie die Wut in ihm hochstieg. In der Vergangenheit hatte ich ihm in solchen Situationen gewöhnlich gesagt: »Lass den Quatsch; sie kann doch nichts dafür.« Stattdessen hielt ich diesmal inne, atmete und wusste, dass ich den Raum verlassen musste. Hätte ich jetzt etwas gesagt oder getan, so hätte dies, das war mir klar, nur noch mehr Leiden für mich und meine Familie geschaffen. So sagte ich: »Ich gehe raus, um einen Spaziergang zu machen.« Ich ging auf den Parkplatz des Heimes und machte Gehmeditation.

Ich kam mit meinem Atmen in Berührung, und nach ein paar Minuten hatte ich mich beruhigt. Dann lud ich diese Wut ein hochzukommen. Ich atmete mit ihr und schaute tief, um sie zu verstehen. Das Gefühl brachte mich in meine Vergangenheit zurück. Ich verstand, dass meine heftige Reaktion auf meinen Vater darauf zurückzuführen war, dass mein Vater mich als Dreijährige mit derselben Wut, derselben Ungeduld behandelt hatte. Und es war dieses tief verletzte dreijährige Kind, das eine solch machtvolle Reaktion in der Gegenwart auslöste.

Ich kümmerte mich gut um diese Dreijährige. Ich umarmte sie und sagte ihr das, was sie hören musste. Ich sagte ihr, dass die Ungeduld und Wut des Vaters nichts mit ihr zu tun hatten. Ich sagte ihr, dass es für sie als Dreijährige keine Möglichkeit gegeben hätte, zu wissen, dass sie es nicht persönlich nehmen durfte; dass das alles aber tatsächlich nur mit dem Unglücklichsein des Vaters zu tun hatte. Er würde jeden anderen auch so behandeln. Es ging nicht um sie. Nachdem ich das verstanden hatte, spürte ich nur noch Mitgefühl für mich und meinen Vater. Es war eine direkte Erfahrung dessen, was Thay uns lehrt: Achtsamkeit führt zu Konzentration, Konzentration führt zu Einsicht, Einsicht führt zu Verstehen, und Verstehen führt zu Mitgefühl.

Verschiedene Menschen zeigen verschiedene Reaktionen auf diese Praxis. Die meisten von uns sind vor den Gefühlen, die uns ängstigen, ihr ganzes Leben davongelaufen. Den Prozess der Transformation und der Erweiterung unserer Fähigkeit, furchtlos zu sein, beginnen wir, indem wir einfach innehalten, atmen und das Gefühl in uns umarmen. In meinem Fall führte mich die Wut zu einer Dreijährigen, die damals dasselbe Gefühl erlebte, das ich nun in der Gegenwart empfand. Als das geschah, wusste ich, dass sich etwas gewandelt hatte; ich wusste, dass ich nun zurück in das Zimmer gehen konnte, zurück zu meiner Mutter und meinem Vater.

Als ich den Raum verlassen hatte, hatte ich in meinem Vater ein Ungeheuer gesehen, doch als ich wieder zurückkehrte und meinen Vater ansah, konnte ich nur noch sein Leid sehen. Es war so intensiv, dass es fast nicht zu ertragen war. Ich konnte seine Angst sehen. Und dann spürte ich nur noch Mitgefühl. Es gab nur noch Mitgefühl, und das Einzige, was zu sagen blieb, war: »Es tut mir so leid, dass du all das durchmachen musst. Was kann ich tun, um dir zu helfen?«

Mir war klar geworden, dass ich das Leiden eines anderen Menschen nicht sehen konnte, solange ich in meinem eigenen stecken blieb. Es war mir unmöglich, Klarheit zu haben; alles, was ich sehen konnte, war mein eigenes Leiden. Hätte ich mich nicht um meine starken Emotionen gekümmert, hätte ich mich vollkommen selbstgerecht gefühlt. Ich hätte mir gesagt, dass ich einfach eine gute Tochter sei, der es nur um ihre Mutter gehe. Ich hätte geglaubt, dass ich lediglich bemüht gewesen sei, mich gut um sie zu kümmern, und dass ich deswegen meinem Vater gesagt hätte, er solle das gefälligst unterlassen. Und damit hätte mein Vater, der noch immer in mir lebendig war, mit Kritik und Urteil reagiert. Er hätte sich möglicherweise noch mehr verurteilt und kritisiert gefühlt und meine Mutter dann noch schlechter behandelt. Ich hätte genau die Situation geschaffen, die ich zu verhindern versuchte.

Ich praktiziere lange genug, und so kenne ich die richtigen Worte und weiß, wie man sie sagt. Ich hätte wohl auch ohne rauszugehen innehalten können, als ich dabei war, ihn zu kritisieren. Doch ich wäre vielleicht weiter wütend gewesen. Und hätte ich die gleichen Worte gesagt, ohne vorher den Raum zu verlassen, hätte ich sie vielleicht doch so gesagt, dass mein Vater sich durch meinen Tonfall, meinen Gesichtsausdruck oder meine Körpersprache kritisiert und verurteilt gefühlt hätte.

Ich habe also entdeckt, dass achtsames Sprechen sich nicht darauf beschränkt, die richtigen Worte zu sagen – sondern dass es den Groll in meinem Herzen verwandelt. Schaue ich tief und gelange zum Ort des Verstehens in mir, empfinde ich nur Mitgefühl für mich und den Menschen, mit dem ich das Problem habe. Ist das Leiden in meinem Herzen verwandelt, spüre ich für uns beide nur noch Verstehen und Liebe. Dann ist es gar nicht so wichtig, welche Worte ich wähle. Der andere spürt die Liebe. Menschen wissen, wann sie geliebt werden und wann nicht.

Ich habe herausgefunden, dass die Intensität der schwierigen Gefühle in mir abnimmt, je mehr ich praktiziere, obwohl ich sie alle noch erlebe. Ich kann sagen: »Hallo, Wut, meine kleine Freundin, da bist du ja wieder«, und dann lässt die Intensität des Gefühls nach. Kümmere ich mich gut um das verwundete Kind in mir, mag das Gefühl noch immer da sein, doch meine Beziehung zu ihm hat sich verwandelt, ebenso wie meine Wahrnehmung der Welt und meine Beziehungen zu anderen sich verändert haben. Das Wunder der Achtsamkeit geschieht!

»Das wirkliche Ich«

von *Glen Schneider*

Eines Nachmittags kam mir eine wichtige Freundschaft in den Sinn, die gescheitert und zu Ende gegangen war, und ich dachte an den Schmerz, den ich empfand. Ich überlegte, ob ich diesen Menschen wieder anrufen sollte, um herauszufinden, ob es bei ihm eine Offenheit dafür gab, eine Lösung zu finden und sich wieder zu versöhnen. Als ich im Kopf die Möglichkeiten durchspielte, was sie sagen und wie ich antworten würde, bemerkte ich in meinem Bauch diesen schrecklichen Knoten, eine Art »Knoten der Zurückgewiesenheit«. Und ich dachte, nun, es ist Nachmittag, ich habe etwas Zeit, und niemand ist zu Hause. Ich könnte diese Energie doch jetzt einfach mal untersuchen.

Ich setzte mich auf die Couch und konzentrierte meinen Geist auf den Knoten im Bauchbereich, und schon bald hörte ich in der linken hinteren Ecke meines Kopfes ein klares, scharfes Klatsch ... Klatsch ... Klatsch. Sofort wusste ich, dass es sich um das Geräusch des Gürtels handelte, mit dem mein Vater auf meinen nackten Hintern einschlug, als ich ungefähr sechs Jahre alt war. Ich konnte die Schläge wirklich spüren, und für eine ganze Weile weinte, schrie und flehte ich nur. Ich erlebte das damalige Schlagen erneut und auch, wie meine Mutter in der Küchentür stand und ihn beobachtete. Sie hatte ihn dazu gebracht, und das kleine Wesen, das ich war, flehte: »Bitte schlag mich nicht. Ich will gut sein.« So auf der Couch sitzend, überlegte ich, ob ich gerade einen psychotischen Schub erlebte, doch es fühlte sich auch heilsam an, und so ließ ich die Energie hochkommen.

Als ich mich zu beruhigen begann, erschien in meinem Geist ein dunkler Tunnel, in den ich hineingezogen wurde. Ich fürchtete mich sehr und dachte: »Mein lieber Junge, jetzt werde ich einen Missbrauch entdecken, an den ich mich nicht erinnern kann«, doch ich entschied mich, in den Tunnel zu gehen, und in dem Moment, in dem ich das tat …

… Ich war ein kleiner Junge in unserem Hühnerstall, und ich legte meine Hand unter ein Huhn, das auf dem Nest saß, und fühlte seine warmen, weichen Federn und das glatte, warme Ei, das es ausbrütete. Als Kind lebte ich mit meiner Familie auf dem Land, und wir hatten um die fünfzig Hühner. Wir verkauften Eier, und ich kümmerte mich mit um die Hühner. Meine Hand so unter einem Huhn zu haben, gehört zu den wundervollsten, heilsamsten, lebensbejahendsten Gefühlen, die ich jemals spürte. Ich sah mich um und entdeckte die scharfen Kanten der Austernschalen, mit denen wir die Hühner fütterten, und ich sah die Tür, die wir nachts schlossen, damit Waschbären und Füchse nicht eindringen konnten, in allen Einzelheiten. Dann betrachtete ich draußen im Obstgarten den Senf, der in gelber Blüte stand. Wohl zehn Minuten lang hatte ich diesen Tagtraum von all diesen herrlichen, wundervollen Bildern und Gerüchen meiner Kindheit – es war, wie im Himmel zu sein. Die Farben leuchteten so kräftig, die Formen waren so scharf, und ich war von Ehrfurcht ergriffen. Schließlich endete dieser Moment, und mein jüngeres Ich ging den Weg zum Haus zurück, und eine Stimme in meinem Kopf sagte: »Sie haben das in dich hineingetan.«

Mithilfe einer Sangha-Schwester, die mit gestörten Jugendlichen arbeitet, begann ich zu verstehen, dass dieses »Sie haben das in dich hineingetan« bedeutet, dass andere das Trauma in mich eingepflanzt haben – all die schlimmen Dinge, die geschehen sind – und dass es nicht das wirkliche Ich war. Das wirkliche Ich war der Junge, der die Bilder, Farben und Formen so liebte, mit denen er aufwuchs. Die schreckliche Energie, die von anderen in mich hineingelangte, hatte einige der wundervollsten Bereiche meiner Kindheit wie eine Eisentür aus meiner Erinnerung ausgesperrt.

Ich habe Glück, diese traumatische Energie losgeworden zu sein. Ich wünschte, ich könnte sagen, dass ich all diesen Schmerz in nur einer Sitzung loslassen konnte, aber das stimmt nicht. Ich brauchte einige Sitzungen, doch jedes Mal war die Belastung weniger geworden, und am Ende war es, wie den Haushaltspflichten nachzukommen: »Oh, es ist wieder Zeit, sauber zu machen.« Mit der Zeit und mit Beharrlichkeit sind nun alle Falten ausgebügelt.

Ich glaube, der Teil von uns, der verwundet ist, ist auch der Teil, der lieben kann – das ist unsere grundlegende Gutheit. Selbst wenn er hinter Leid und Schmerz verborgen sein mag, so ist er doch in uns der Teil, der die kostbare Schönheit und Sanftheit dieser Welt umarmen und Freude daran finden kann, der sich für sie interessiert und sie offenen Herzens teilt. Das ist meine Erfahrung gewesen.

» Mit der Hilfe eines Freundes «

von *Elmar Vogt*

2006 war ich zum Juni-Retreat in Plum Village. Es war eine schwierige Zeit, denn ich war fast die ganze Zeit sehr krank. Ich verbrachte die meiste Zeit mit starken Magenschmerzen im Bett. Ich hatte Durchfall und konnte nur wenig essen. Alle, die Mönche, die Laienfreunde und meine Zimmergenossen, versuchten ihr Bestes, mir zu helfen.

Mein Bettnachbar im Zimmer war Amerikaner. Er hatte seine Konzertina (ein kleines Akkordeon mit Druckknöpfen) mitgebracht, und schon bald entdeckten wir unsere gemeinsame Liebe am Musizieren. An einem Abend saß er mit seiner Konzertina am Waldrand und sang amerikanische Volkslieder. Auf meinem Spaziergang hörte ich ihn und kam näher. Ich setzte mich dazu und begann, eine zweite Stimme dazu zu singen. Es war wunderbar. Wir saßen in der Abendsonne und sangen und spielten. Seit diesem Tag kamen wir so oft wie möglich zusammen und machten Musik. So entstand eine wunderbare Freundschaft.

Am Morgen des letzten Lazydays (Mußetag) lag ich immer noch im Bett, als mein neuer Freund vom Frühstück zurückkam. Er setzte sich an die Bettkante und fragte mich, wie es mir ginge. Ich sagte ihm, dass ich immer noch starke Schmerzen in meiner Magengegend hätte. Da fragte er mich, ob ich meine Schmerzen mit einer Meditation erforschen wolle. Ich war einverstanden. Zuerst sang er einige Lieder für mich und lud dann die Glocke ein. Er schlug mir vor, mich ganz auf die Empfindungen in meiner Magengegend zu konzentrieren, mein

Denken loszulassen und mich für alles zu öffnen, was hochkommen möchte.

Nach etwa einer Minute war ich ein kleiner Junge. Ich hatte mich im Kohlenkeller unseres damaligen Hauses versteckt und schrie meine Großmutter an, sie solle aus unserem Haus verschwinden. (Meine Großmutter hatte immer mit meiner Familie zusammengelebt; das war schon vor meiner Geburt so.) Ihr Ehemann, mein Großvater, den ich niemals kennengelernt habe, galt seit der Schlacht um Stalingrad 1942/43 an der Ostfront als vermisst. (Als Kind erlebte ich die dauernde Anwesenheit meiner Großmutter als sehr bedrückend.)

In meiner Meditation sah ich dann, wie ich als kleiner Junge zu meinem Vater ging und ihn inständig darum bat, mit ihm zusammen von der Familie wegzugehen. Nach ein, zwei Minuten spürte ich, wie eine Träne meine Wange herunterfloss. Das hatte mein Freund anscheinend gesehen, denn er berührte mich sanft am Oberarm und lud mich ein, meine Gefühle ruhig zuzulassen. Jetzt brach es aus mir heraus: Ich weinte und schluchzte für lange, lange Zeit. Das war sehr heilsam. Jetzt fühlte sich meine Magengegend sehr viel besser an. Es war da nicht mehr dieser unendliche Druck. Ich spürte eine sehr große Erleichterung.

Und dann sprachen wir noch sehr lange über meine Kindheit, meine Eltern und unsere Töchter (unsere Töchter waren zu dem Zeitpunkt beide Mitte zwanzig). Wir teilten einander mit von Herz zu Herz. Es war eine wundervolle Zeit. Dann aßen wir gemeinsam zu Mittag, und ich lehrte ihn das schöne deutsche Volkslied »Bunt sind schon die Wälder«, in dem es um die Farben des Herbstes geht.

Noch heute spüre ich die Spannung in meiner Magengegend. Ich erlebe darin die Verzweiflung des kleinen

Jungen. Und ich sehe meinen Vater in mir, der nicht zu Hause groß wurde, sondern mit zwei Jahren zu seiner Tante gegeben wurde. Er kannte nie den Grund und hatte nie ein wirkliches Zuhause. Meine Mutter verlor ihren Vater, als sie noch sehr klein war, und konnte ihren Verlust nie beweinen, da ihr Vater ja als vermisst galt und nicht klar war, ob er vielleicht wieder zurückkehren würde. Meine Großmutter musste sehr hart arbeiten, um sich und ihre beiden Kinder durchzubringen. Sie liebte ihren Mann sehr, doch er kam niemals zurück. Auch ihr Mann war, wie mein Vater, nicht bei seinen Eltern groß geworden. Meine Großmutter erzählte mir einmal, dass ihr Mann zu ihr gesagt habe, er wisse erst, was es heiße, wirklich zu Hause zu sein, seit er mit ihr verheiratet sei und zusammenlebe. Wie schade, dass er nie zurückkam.

So kann ich rückblickend sehen, dass in diesem Juni-Retreat in Plum Village ein Damm in mir brach. Ich kann immer noch den Schmerz in meiner Magengegend spüren, aber ich weiß jetzt, dass das nicht nur ich bin. Es sind viele Generationen meiner Vorfahren in mir und auch etwas von unserer deutschen Geschichte.

Vielleicht ist es nicht möglich, dies alles in einem Leben zu transformieren. Was ich jedoch auf alle Fälle tun kann, ist, in Kontakt mit dem kleinen Elmar in mir zu bleiben, ihm zuzuhören, mit ihm zu sprechen und ihn immer wieder einzuladen, zusammen mit mir in den gegenwärtigen Augenblick zurückzukehren und die Wunder des Lebens zu genießen.

III Übungen der Heilung

Übung

Das Objekt wegnehmen
(von der *Buckeye-Sangha)*

Linji, der große chinesische Zen-Meister des neunten Jahrhunderts und Begründer der Plum-Village-Linie, war für seinen Ausspruch »Nimm das Objekt weg« sehr berühmt. Das Objekt ist die Person oder die Situation, über die wir nachdenken. Die Übung besteht darin, das Objekt wegzunehmen und zum Körper und den Gefühlen zurückzukehren. Wir bleiben bei der Energie, lassen aber die Gedanken los. Indem wir der Energie zurück in unseren Körper und in unsere Gefühle folgen, können wir die inneren Knoten entdecken und sie zärtlich umarmen. So lassen die Spannungen sich auflösen, und wir können heilen. Es ist ein wenig wie Fahrradfahren lernen. Sie können sich aufs Fahrrad setzen, jemand kann Sie ein bisschen anstoßen, aber ab einem bestimmten Punkt wissen Sie, dass Sie es allein können, Sie können jetzt Fahrrad fahren.

Die »Das-Objekt-wegnehmen-Meditation« geht wie folgt:

1. *Einatmend finde ich zu meinem Einatmen.*
   Ausatmend finde ich zu meinem Ausatmen.

2. *Einatmend vergegenwärtige ich mir ein belastendes Problem (Objekt).*
   Ausatmend öffne ich mich für dieses Problem.

3. *Einatmend lasse ich das Nachdenken über das Problem (Objekt) los.*
   Ausatmend umarme ich diese Energie in meinem Körper.

4. *Einatmend bin ich meines Körpers und meiner Gefühle gewahr.*
   Ausatmend umarme ich meinen Körper und meine Gefühle zärtlich.

5. *Einatmend sende ich mein Einatmen zu Körper und Gefühlen.*
   Ausatmend löse ich die Spannungen in Körper und Gefühlen.

6. *Einatmend bin ich meines Einatmens gewahr.*
   Ausatmend bin ich meines Ausatmens gewahr.

Manchmal scheint die Energie in Körper und Gefühlen undurchdringlich oder aber überwältigend zu sein. In diesem Fall können wir das schwierige Gefühl oder die belastende Situation für kurze Zeit berühren, vielleicht nur für zwanzig Sekunden bis zu einer Minute. Dann öffnen wir die Augen und richten unsere Aufmerksamkeit für ein paar Minuten auf etwas außerhalb von uns – zum Beispiel können wir aus dem Fenster schauen auf einen Baum oder etwas anderes Grünes. Sind wir dann bereit, können wir erneut den Kontakt zu den Gefühlen suchen. Wir können diesen Wechsel einige Male durchführen. Dadurch gewinnen wir eine sichere äußere Basis ebenso wie inneren Raum.

Übung

Die Sechzehn Atemübungen

Die Lehren über das achtsame Atmen sind direkt vom Buddha selbst. Die Sechzehn Atemübungen sind Übungen für unseren Körper, unsere Gefühle, unseren Geist (die geistigen Formationen oder Gebilde) und die Objekte des Geistes (unsere Wahrnehmungen).

Diese Lehren sind für unsere tägliche Praxis sehr nutzbringend und hilfreich in unserem Umgang mit schmerzlichen Gefühlen. Jedes Mal, wenn wir leiden und glauben, wir könnten das nicht mehr aushalten, wenn wir nicht mehr wissen, was wir tun sollen, dann stehen uns diese Sechzehn Atemübungen immer zur Verfügung.

Die erste Reihe von vier Übungen: der Körper

Bei der **ersten Übung** geht es darum, das Einatmen als Einatmen und das Ausatmen als Ausatmen wahrzunehmen.

Einatmend weiß ich, dass ich einatme.
Ausatmend weiß ich, dass ich ausatme.

Das ist einfach, kann aber eine sehr tiefe Wirkung haben. Schenken Sie Ihrem Einatmen Aufmerksamkeit und nehmen Sie es wahr. Lassen Sie dann auf ganz natürliche Weise Vergangenheit und Zukunft los und kehren Sie zum gegenwärtigen Moment zurück. Sie beginnen damit, die Energie der Achtsamkeit und Konzentration aufzubauen, und erlangen ein gewisses Maß an Freiheit.

Bei der **zweiten Übung** folgen wir dem Einatmen und Ausatmen vom Anfang bis zum Ende.

> *Einatmend folge ich meinem Einatmen vom Anfang bis zum Ende.*
> *Ausatmend folge ich meinem Ausatmen vom Anfang bis zum Ende.*

Wir bewahren unsere Achtsamkeit und Konzentration während des gesamten Ein- und Ausatmens. Wir sagen nicht: »Einatmend, oh – ich hab vergessen, die Tür zu schließen …« Es gibt keine Unterbrechung, und so wird Ihre Konzentration mit der Zeit stärker. Das wird »dem Einatmen und Ausatmen folgen« genannt.

Bei einigen Versionen dieser Übung wird vom Wahrnehmen der Atemlänge gesprochen. »Einatmend weiß ich, dass mein Einatmen lang oder kurz ist.« Wir tun aber nichts, um es zu verkürzen oder zu verlängern. Wir lassen den Atem so, wie er ist. Durch unser Gewahrsein für den Atemprozess wird er sich von alleine vertiefen, er wird harmonischer und friedvoller. Unsere Aufmerksamkeit erhöht die Qualität unseres Atmens.

Durch die **dritte Übung** wird der Geist zurück zum Körper gebracht.

> *Einatmend bin ich meines ganzen Körpers gewahr.*
> *Ausatmend bin ich meines ganzen Körpers gewahr.*

In unserem alltäglichen Leben ist unser Körper da, doch unser Geist ist oft ganz woanders. Unser Geist ist vielleicht in der Vergangenheit oder in der Zukunft gefangen, verstrickt in unsere Projekte, unseren Ärger, unsere Sorgen. Sie sind da, und sie sind doch nicht da. Sie stehen sich selbst oder anderen gar nicht zur Verfügung. Die Übung besteht nun darin, zu unserem Atmen zurückzukehren.

Der Atem ist die Brücke, die Körper und Geist verbindet. In dem Moment, in dem wir unserem Atem Aufmerksamkeit schenken, in dem Moment kommen Körper und Geist in ganz natürlicher Weise zusammen. »Einheit von Körper und Geist« nennen wir das. Unser Atmen wird ruhiger, und dies kommt dem Körper und den Gefühlen zugute. Das ist Friedenspraxis. Wir sind im Hier und Jetzt gegründet, vollkommen lebendig und gegenwärtig, und können das Leben unmittelbar berühren. Allein diese einfache Übung kann ein Wunder bewirken – das Wunder, tief in jedem Moment zu leben.

Wir kehren zu unserem Körper zurück, um seiner gewahr zu werden und uns um ihn zu kümmern. Wir haben unseren Körper vielfach missachtet oder schlecht behandelt. Wir umarmen unseren Körper mit unserer Achtsamkeit und machen uns all das in unserem Körper bewusst, was unserer Aufmerksamkeit bedarf. Wir entdecken möglicherweise, dass sich in unserem Körper, bedingt durch unsere Lebensweise, seit längerem Spannung, Schmerz und Stress angesammelt haben.

Bei der **vierten Übung** geht es darum, die Spannungen im Körper aufzulösen.

Einatmend beruhige ich meinen Körper.
Ausatmend beruhige ich meinen Körper.

Die Spannungen können sich lösen, während wir sitzen, gehen oder liegen. *Einatmend bin ich meines ganzen Körpers gewahr. Ausatmend beruhige ich meinen ganzen Körper.*

Wir kennen vielleicht Tiefenentspannungsübungen und können uns bis zu einem Grad auch entspannen. Doch die grundlegende Übung dafür, wirklich Spannungen zu lösen, besteht darin, Vergangenheit und Zukunft gehen zu lassen, zurück in den gegenwärtigen Moment zu kommen und die Tatsache zu genießen, dass wir lebendig sind und bereits über genügend Bedingungen zum Glücklichsein verfügen. Bitte denken Sie darüber nach.

Wir sollten diese ersten vier Übungen unbedingt meistern; sie stellen das Minimum dar. Unseres Atmens bewusst zu sein bedeutet, zu uns selbst zurückzukehren und die Energie unserer wahren Präsenz zu erzeugen. Mit dieser Energie umarmen wir unseren Körper und bewirken, dass er sich entspannt und zur Ruhe kommt. Tiefe Körperentspannung kann zu einem entspannten Geist führen. Gelingt uns das aber nicht mit unserem Körper, wird es schwieriger sein, dass uns dies später bei unserem Geist möglich sein wird.

Die zweite Gruppe der vier Übungen: die Gefühle

Mit diesen vier Übungen betreten wir den Bereich der Gefühle. Vermochten wir unseren Körper erfolgreich zur Ruhe kommen zu lassen und sich zu entspannen, können wir uns nun unseren Gefühlen zuwenden und ihnen helfen.

Bei der **fünften Übung** geht es um die Energie der Freude.

Einatmend empfinde ich Freude.
Ausatmend empfinde ich Freude.

Als Übende sind Sie imstande, im Hier und Jetzt ein Gefühl der Freude zu entwickeln. Je achtsamer und konzentrierter Sie sind, desto stärker werden Ihre Freude und Ihr Glück.

Die erste Übung, die uns Freude bringt, ist befreiend. Doch Freude ist nur möglich, wenn wir auch in der Lage sind, Dinge loszulassen. Üblicherweise glauben wir, dass Freude außerhalb von uns zu finden und zu erlangen sei und wir ihr deshalb nachlaufen müssten. Doch sobald wir die Hindernisse in unserem Geist ausmachen und gehen lassen können, wird sich Freude ganz natürlich einstellen.

Die **sechste Übung** bezieht sich auf ein Gefühl des Glücks.

Einatmend fühle ich mich glücklich.
Ausatmend fühle ich mich glücklich.

Allein durch diese Übungen können wir schon Glück erfahren. Achtsamkeit und Spannungen loslassen sind Quellen des Glücks. Achtsamkeit unterstützt uns darin, die vielen Bedingungen, glücklich zu sein, zu erkennen, über die wir bereits verfügen. Es ist also einfach, Gefühle der Freude und des Glücks in uns wachzurufen. Wir können es jederzeit und an jedem Ort.

In der Zen-Tradition wird Meditation als Nahrung betrachtet. Es gibt im Zen die Redeweise von »der Freude und dem Glück der Meditation als tägliche Nahrung«. Wir können uns durch Meditation heilen und nähren.

Die **siebte Übung** beinhaltet den Umgang mit schmerzlichen Gefühlen und Emotionen, die sich in uns manifestiert haben.

Einatmend bin ich meiner geistigen Gebilde gewahr.
Ausatmend bin ich meiner geistigen Gebilde gewahr.

Diese Übung hilft uns, den Umgang mit den Energien von Schmerz, Kummer, Angst und Wut in uns zu erlernen. Wir üben uns in achtsamem Atmen, achtsamem Gehen, um die Energie der Achtsamkeit und Konzentration zu erzeugen. Und genau mit dieser Energie der Achtsamkeit und Konzentration erkennen und umarmen wir das schmerzliche Gefühl, das da ist. Wir sollten den Schmerz nicht zudecken. Wir kümmern uns um ihn. Wir würden uns selbst Gewalt antun, ignorierten oder unterdrückten wir unseren Schmerz. Wir sind die Achtsamkeit, wir sind aber ebenso auch unser schmerzliches Gefühl. Da gibt es keinen Kampf. Das ist die Sicht der Nicht-Dualität.

Vermeiden wir es, zu uns selbst zurückzukehren, wird der Schmerz nur noch stärker werden. Die vom Buddha empfohlene Methode besteht darin, zu uns nach Hause zurückzukehren und uns darum zu kümmern, Sorge zu tragen. Wir brauchen ein gewisses Maß an Achtsamkeit und Konzentration. Wir sollten imstande sein, Achtsamkeit und Konzentration aufzubauen, damit wir stark genug sind, uns nicht von Schmerz und Kummer überwältigen zu lassen, damit wir mit dieser Energie der Achtsamkeit und Konzentration vertrauensvoll uns selber zuwenden und die schmerzlichen Gefühle in uns erkennen können. *Einatmend nehme ich das schmerzliche Gefühl in mir wahr. Ausatmend umarme ich das schmerzliche Gefühl in mir.*

Das ist eine reale Praxis. Die Übende sollte imstande sein, ihren Schmerz wahrzunehmen und zärtlich wie ein Baby zu umarmen. Manchmal mag das etwas schwierig sein, vor allem am Anfang. Dann kann uns die kollektive Energie der Sangha helfen.

Bei der **achten Übung** geht es darum. Spannungen zu lösen und Gefühle zu beruhigen.

Einatmend beruhige ich meine geistigen Gebilde.
Ausatmend beruhige ich meine geistigen Gebilde.

Bei der siebten und achten Übung nutzen wir die Achtsamkeit, um unseren Schmerz zu umarmen und Linderung zu erfahren. Wir verfahren genau so wie bei der Übung, die sich auf den Körper bezieht. Wir wenden uns unseren Gefühlen zu und umarmen sie zärtlich. *Einatmend bin ich des schmerzlichen Gefühls in mir gewahr. Ausatmend beruhige ich das schmerzliche Gefühl in mir.*

Fortwährend achtsam atmend und achtsam gehend, können wir unser schmerzliches Gefühl wiegen und umarmen. Mithilfe der Übung des tiefen Schauens können wir später die Natur unseres Kummers entdecken und zu der Einsicht gelangen, die uns von dem Kummer befreit. Doch gegenwärtig wird unser Kummer schon dadurch gelindert, dass wir unser Gefühl achtsam und voller Zartheit umarmen.

Die dritte Gruppe von vier Übungen: der Geist

Mit der neunten Übung kommen wir zu den weiteren geistigen Gebilden. Gefühle sind nur eine Kategorie geistiger Gebilde oder Formationen. *Samskara,* so der Sanskritbegriff, bedeutet, dass viele Bedingungen zusammengekommen sind, damit sich etwas manifestieren kann. Es gibt gute geistige Gebilde und weniger gute.

Die **neunte Übung** beinhaltet das Gewahrsein des Geistes und der Geisteszustände, so wie die dritte Übung das Gewahrsein des Körpers und die siebte das der Gefühle umfasste.

Einatmend bin ich meines Geistes gewahr.
Ausatmend bin ich meines Geistes gewahr.

Wir werden uns jedes geistigen Gebildes bewusst, das sich manifestiert hat. »Geistiger Gebilde gewahr, atme ich ein.« Der Geist ist ein Fluss, und jedes geistige Gebilde ist ein Tropfen Wasser darin. Wir sitzen am Flussufer und beobachten das Auftauchen und Schwinden jeder Geistesformation. Wir brauchen nicht darum zu kämpfen, nach ihr zu greifen oder sie wegzustoßen. Wir müssen sie einfach nur in aller Ruhe erkennen und ihr zulächeln, ob sie nun angenehm oder unangenehm ist. Ist Wut da, sagen wir: »Einatmend weiß ich, das geistige Gebilde der Wut ist in mir.« Ist das geistige Gebilde des Zweifels da, atmen wir ein und erkennen die Gegenwart des Zweifels in uns. Als Praktizierende sind wir Beobachtende. Wir brauchen Achtsamkeit und Konzentration, um die geistigen Gebilde zu erkennen. Später dann können wir tief in die Natur des geistigen Gebildes schauen.

Bei der **zehnten Übung** geht es darum, dass der Geist freudig ist.

Einatmend lasse ich meinen Geist glücklich werden.
Ausatmend lasse ich meinen Geist glücklich werden.

Wir schenken unserem Geist Freude, um ihn zu stärken, um ihn zu ermutigen und zu beleben. Unterstützen wir ihn darin, freudvoller und lebendiger zu werden, vermittelt uns das die nötige Kraft, die uns später unsere Schwierigkeiten umarmen und tief in sie hineinschauen lässt.

Wenn wir wissen, wie unser Geist arbeitet, wird es einfacher für uns sein, diese zehnte Übung zu praktizieren. Die *vier Übungen wahren Eifers und rechten Bemühens* helfen uns, des Geistes gewahr zu sein, während wir den negativen Samen die Gelegenheit geben zu ruhen.

Bei der ersten Übung rechten Bemühens erlauben wir den negativen Samen, in unserem Speicherbewusstsein zu schlafen und zu ruhen, und wir geben ihnen nicht die Chance, sich zu manifestieren. Manifestieren sie sich zu oft, wird sie das stärken. Die zweite Übung beinhaltet, dass wir einem negativen Samen, der sich manifestiert hat, helfen, so schnell wie möglich zurück ins Speicherbewusstsein zurückzukehren. Denn bleibt er zu lang in unserem Bewusstsein, werden wir leiden, und er wird ebenfalls gestärkt. Die dritte Übung rechten Bemühens umfasst das Ersetzen eines negativen geistigen Gebildes durch ein positives; wir verändern unsere Aufmerksamkeit. »Den Pflock wechseln« nennen wir das. Wenn ein Pflock, der zwei Holzstücke zusammengehalten hat, verrottet ist, dann treibt der Schreiner einen neuen Pflock in das Holz, wodurch der alte zur gleichen Zeit rausgetrieben wird. Bei der vierten Übung geht es darum, dass wir ein gutes geistiges Gebilde, das sich manifestiert hat, so lange wie möglich in unserem Bewusstsein bewahren. So wie sich alle, mit denen wir leben, freuen, wenn eine gute Freundin uns besuchen kommt, so versuchen wir, auch dieses Gebilde dazu zu bewegen, noch ein paar Tage länger mit uns zu verbringen.

Wir können auch einen anderen Menschen darin unterstützen, das geistige Gebilde zu wechseln. Manifestiert sich ein dunkler Gedanke, Wut oder Angst in ihm, können wir die guten Samen in ihm wässern, damit sie sich manifestieren und das andere geistige Gebilde ersetzen werden. Diese Übung nennen wir »selektives Wässern«. Unser Leben sollten wir so führen, dass wir die guten Samen mehrmals am Tag berühren und wässern.

Bei der **elften Übung** geht es darum, die Konzentration des Geistes zu fördern, um Einsicht zu erlangen.

Einatmend konzentriere ich meinen Geist.
Ausatmend konzentriere ich meinen Geist.

Konzentration vermag unser Leid hinwegzubrennen. Sie ist wie die Linse einer Lupe, mit der wir Sonnenstrahlen bündeln, um ein Stück Papier zu verbrennen. Verbrennt die Konzentration unser Leid, ist Einsicht da. Der Buddha gab uns viele Lehren, die uns dabei unterstützen, Konzentration zu entwickeln. Unbeständigkeit, Nicht-Selbst und Leerheit sind Aspekte dessen, und wir können sie in unserem täglichen Leben üben. Womit auch immer wir während des Tages in Kontakt kommen, sei es ein Freund, eine Freundin, eine Blume oder eine Wolke, stets können wir uns darin üben, deren Natur von Unbeständigkeit und Intersein zu erkennen.

Die **zwölfte Übung** bezieht sich darauf, den Geist zu befreien.

Einatmend befreie ich meinen Geist.
Ausatmend befreie ich meinen Geist.

Wir brauchen Konzentrationskraft, um unseren Kummer und unsere Sorgen, unsere Wut und unsere Ängste, auch unsere Voreingenommenheiten, all das Leid, das uns fesselt und unseren Geist bindet, zu durchschneiden.

Die Lehre über die Unbeständigkeit ist zwar zunächst auf der begrifflichen Ebene angesiedelt, doch wir können mit ihr als Instrument zur Einsicht in Unbeständigkeit gelangen. Ein Streichholz kann uns zu einer Flamme verhelfen. Dann wird die Flamme das Streichholz verzehren. Für unsere Befreiung brauchen wir Einsicht in Unbeständigkeit. Ist sie da, verbrennt sie die begriffliche Ebene.

Wir üben uns in der Ausrichtung und Konzentration auf Unbeständigkeit, damit Einsicht in Unbeständigkeit entstehen kann. Während wir sitzen, gehen, atmen und Dinge tun, sind wir auf das Wesen der Unbeständigkeit ausgerichtet. Konzentration, *samadhi,* beinhaltet, dieses Gewahrsein lebendig zu halten, von Moment zu Moment, so lange wie möglich. Nur durch diese von Konzentration getragene Ausrichtung erlangen wir Einsicht und Befreiung.

Stellen wir uns vor, wir sind dabei, uns zu streiten. Leiden ist in uns, und unser Geist ist nicht frei. Die Ausrichtung auf Unbeständigkeit kann uns beide von Wut und Ärger befreien. »Einatmend stelle ich mir meinen Liebsten dreihundert Jahre später vor.« Es reicht möglicherweise schon ein Einatmen, um die Wirklichkeit der Unbeständigkeit zu berühren. »Einatmend weiß ich, dass ich jetzt lebendig bin und dass auch er jetzt lebendig ist.« Und öffnen wir dann unsere Augen, ist doch das Einzige, was wir noch wollen, ihn in den Arm zu nehmen. »Einatmend sehe ich, du bist lebendig; ich bin so glücklich.« Das ist Befreiung, die Einsicht in sich birgt; die Einsicht in Unbeständigkeit.

Sind wir von dieser Einsicht erfüllt, werden wir sehr

weise mit unserem Liebsten umgehen. Was immer wir tun können, um ihn heute glücklich zu machen, werden wir tun. Wir werden nicht bis morgen warten wollen, denn morgen kann es schon zu spät sein. Manche Menschen weinen herzzerreißend, wenn die Liebste stirbt, denn ihnen wird bewusst, dass sie sie zu Lebzeiten nicht gut behandelt haben. Sie leiden wegen ihrer Schuldgefühle, denn sie verfügen nicht über die Einsicht in Unbeständigkeit. Unbeständigkeit ist eine Ausrichtung, in der wir uns üben können.

Die letzte Gruppe von vier Übungen: die Wahrnehmungen

Nun kommen wir zum Bereich der Geistesobjekte. Im Buddhismus werden die Welt und alle Phänomene als Objekte des Geistes verstanden, nicht als objektive Wirklichkeit. Wir sind oft in der Vorstellung gefangen, dass es da ein Bewusstsein in uns gäbe und eine objektive Welt außerhalb von uns, die wir zu verstehen versuchten, und diese Sicht beeinflusst unsere Wahrnehmungen. Doch im Licht der wechselseitigen Verbundenheit, des Interseins, können Subjekt und Objekt nicht getrennt voneinander existieren. Nehmen wir etwas wahr, so manifestiert sich das Objekt der Wahrnehmung gleichzeitig mit dem Subjekt der Wahrnehmung. Bewusst zu sein bedeutet stets, sich etwas bewusst zu sein.

Bei der **dreizehnten Übung** betrachten wir Unbeständigkeit.

Einatmend nehme ich die unbeständige Natur aller Dharmas wahr.

Ausatmend nehme ich die unbeständige Natur aller Dharmas wahr.

Wir sind bereit, zu akzeptieren und anzunehmen, dass die Dinge unbeständig sind, doch wir selbst sind lebendig und verhalten uns, als wären wir immer da, und dies als dieselbe Person, die wir jetzt sind. In Wirklichkeit ändert sich alles in jedem Moment. Sind wir mit einem Menschen zusammen, sind wir manchmal vielleicht mit der Person in Berührung, die er vor zwanzig Jahren war, und wir sind nicht imstande, den Menschen des gegenwärtigen Moments mit seiner ganz anderen Art des Denkens und Fühlens zu berühren. Wir sind nicht wirklich mit der Wahrheit der Unbeständigkeit in Berührung. Wir nutzen also unser Geistbewusstsein und meditieren über Unbeständigkeit. Die Ausrichtung auf Unbeständigkeit führt zur befreienden Einsicht in Unbeständigkeit.

Unbeständigkeit ist nur eine Ausrichtung. Vertiefen wir uns in sie, entdecken wir Nicht-Selbst, Leerheit und Intersein. Unbeständigkeit repräsentiert aber alle Ausrichtungen. Während wir einatmen, halten wir unsere Konzentration auf Unbeständigkeit lebendig, und beim Ausatmen halten wir die Konzentration auf Unbeständigkeit lebendig, bis wir den Durchbruch ins Herz der Wirklichkeit erfahren. Das Objekt unserer Beobachtung mag eine Blume sein, ein Stein, der Mensch, den wir lieben, jemand, den wir hassen, vielleicht sind auch wir selbst es, unser Schmerz, unser Kummer. Alles kann für uns ein Objekt unserer Meditation sein, und wir müssen dabei in dem jeweiligen Objekt die Natur der Unbeständigkeit berühren.

Die **vierzehnte Übung** ist die Betrachtung von Nicht-Verlangen.

Einatmend nehme ich das Verschwinden des Verlangens wahr.
Ausatmend nehme ich das Verschwinden des Verlangens wahr.

Diese Übung will Manas helfen, das stets auf der Suche nach Vergnügen ist und die Gefahren dieser Suche ignoriert. Durch Betrachtung der Unbeständigkeit kann Manas bei der Transformation geholfen werden. Wir schauen tief in das Objekt unseres Verlangens hinein, um dessen wahre Natur zu erkennen. Das Objekt unseres Begehrens kann unseren Körper und unseren Geist zerstören. Es gehört zu den ganz entscheidenden Übungen, dass wir dessen gewahr sind, was wir begehren und was wir konsumieren.

Der Buddha gab uns eine Belehrung über die *vier Arten der Nahrung,* die wir tagtäglich zu uns nehmen. Die erste Art der Nahrung ist die Nahrung unserer Absichten oder unseres Wollens, unser tiefstes Verlangen. Sie bringt uns die Vitalität, die wir brauchen, um unser Leben zu leben. Wir müssen aber in die Natur unseres Verlangens hineinschauen, um zu erkennen, ob es heilsam ist oder nicht. Unser Verlangen besteht vielleicht in der Suche nach Vergnügungen, und das kann sehr gefährlich sein. Es mag der Wunsch nach Rache sein, der Wunsch zu bestrafen. Die Grundlage dieser Arten unheilsamen Verlangens sind falsche Wahrnehmungen. Wir müssen tief schauen, um zu erkennen, dass solches Verlangen aus Angst, Zweifel oder Wut herrührt.

Auch Siddhartha wurde von einem Wunsch, einer Aspiration, geleitet. Er sah das Leiden in seinem Königreich und erkannte, dass politische Macht nicht ausreichte, um nachhaltig zu helfen. So suchte er nach einem neuen Weg, um sich selbst zu wandeln und andere Menschen darin zu unterstützen, dies ebenfalls zu tun.

Diesen Wunsch nennen wir Erleuchtungsgeist, Anfängergeist. Wir sollten ein starkes Verlangen danach haben, unseren Anfängergeist lebendig zu halten. Der Anfängergeist gibt uns die Stärke und Energie, die Übung fortzusetzen.

Die zweite Art der Nahrung ist Bewusstsein, unser kollektives Bewusstsein, die kollektive Energie. In einer Gruppe neigen die Einzelnen dazu, dieselbe Art der Energie zu erzeugen. Wenn wir zusammenkommen, um Achtsamkeit, Konzentration und Mitgefühl zu praktizieren, dann erzeugen wir diese heilsamen Energien kollektiv, und das ist sehr nährend und heilend. Eine Sangha aufbauen ist für die Welt sehr heilend.

Sind wir in einer Gruppe von Menschen voller Ärger und Zorn, dann werden diese negativen Energien auch uns besetzen. Anfangs sind wir vielleicht noch nicht so wie die Menschen in der Gruppe. Doch wenn wir lang genug bleiben, wird uns diese kollektive Energie durchdringen, und wir werden bis zu einem gewissen Grad so wie sie, selbst wenn uns das gar nicht so bewusst ist. Es ist sehr wichtig, darauf zu achten, ob wir in einem guten Umfeld sind oder nicht. Wir brauchen für uns und unsere Kinder ein sicheres Umfeld, in dem die kollektive Energie heilsam ist.

Die dritte Art der Nahrung sind die Sinneseindrücke, die wir in Form von Musik, Zeitschriften, Filmen, Unterhaltungen, Werbung zu uns nehmen. Lesen wir einen Zeitungsartikel, schauen wir uns einen Film oder im Fernsehen eine Sendung an, die Gewalt und Wut beinhalten, dann dringen diese negativen Energien in uns ein. Wir müssen entscheiden, was wir zu uns nehmen und was nicht.

Psychotherapeutisch arbeitende Menschen müssen sehr vorsichtig sein. Als Psychotherapeut erfahren Sie von so vielen Arten des Leidens und der Wut. Sie brauchen eine starke Praxis, um gesund und gefestigt zu sein, sonst werden Sie krank. Sie versuchen zu helfen, doch die negativen Energien Ihrer Klientinnen und Klienten, die Sie tagtäglich treffen, halten Sie besetzt. Jeder Psychotherapeut braucht eine Sangha. Eine Sangha beschützt Sie und nährt Sie bei den wöchentlichen Zusammenkünften. Sonst brennen Sie aus und können nicht mehr helfen.

Der Buddha verbrachte viel Zeit mit dem Aufbau einer Sangha, und wir sollten dasselbe tun. Wir können nach Menschen für unsere Sangha in unserem Umfeld Ausschau halten und eine Gemeinschaft aufbauen, die uns schützt und nährt und unsere Praxis lebendig hält. Sonst werden wir unsere Praxis in ein paar Monaten aufgeben, und die Sinneseindrücke, die wir durch unsere Augen, die Nase, den Körper und den Geist aufnehmen, werden ungeschützt in uns eindringen. Achtsames Konsumieren schützt uns, unsere Familie und unsere Gesellschaft. Es ist der Pfad, uns selbst zu heilen und die Zerstörung unseres Planeten zu verhindern.

Die vierte Quelle unserer Nahrung ist essbare Nahrung. Wir sollten nur solche Dinge zu uns nehmen, die unserem Körper und Geist Frieden und Wohlergehen schenken. Wir essen auf eine Weise, dass wir in unserem Herzen Mitgefühl bewahren können. Vermögen wir das zu tun, dann werden wir auch unseren Planeten retten und die Zukunft unserer Kinder sichern können.

In der **fünfzehnten Übung** betrachten wir Erlöschen.

Einatmend beobachte ich Erlöschen.
Ausatmend beobachte ich Erlöschen.

Nirvana bedeutet Erlöschen oder verlöschen, das Verlöschen aller begrifflichen Vorstellungen, die wahre Wirklichkeit selbst. Die Natur der Wirklichkeit transzendiert alle Begriffe und Vorstellungen, auch die Vorstellung von Geburt und Tod, Sein und Nicht-Sein. Das ist das Herzstück dieser Meditation, die äußerste Bemühung, Befreiung zu erlangen. Die Kontemplation über Unbeständigkeit, Nicht-Selbst, Leerheit, Nicht-Geburt und Nicht-Tod vermag uns zu dieser letzten Befreiung zu führen. Die Vorstellung von Geburt und Tod kann eine Quelle von Bedrängnis, Not und Angst sein. Nur durch Einsicht in Nicht-Geburt und Nicht-Tod können wir Kummer und Angst überwinden.

Bei der **sechzehnten Übung** geht es darum, Nirvana, Verlöschen zu beobachten.

Einatmend beobachte ich Loslassen.
Ausatmend beobachte ich Loslassen.

In dieser Übung lassen wir all unsere Vorstellungen los, um frei zu sein. Dies hilft uns, die wahre Natur der Wirklichkeit zu berühren sowie die tiefe Weisheit, die uns von Angst, Wut und Verzweiflung befreien wird. Nirvana ist kein Ort fernab von uns oder etwas, das in der Zukunft existiert. Nirvana ist die Natur der Wirklichkeit, so, wie sie ist. Nirvana gibt es für uns hier und jetzt.

Eine Welle auf der Oberfläche des Meeres besteht aus Wasser, doch sie vergisst manchmal, dass sie aus Wasser besteht. Eine Welle hat einen Anfang, ein Ende, ein Emporsteigen, ein Herabfallen. Eine Welle kann höher oder niedriger, kräftiger oder schwächer als andere Wellen sein. Doch wenn eine Welle sich in Vorstellungen verstrickt, dass sie einen Anfang hat, dass sie aufhört, emporsteigt, herabfällt, dass sie mehr oder weniger kraftvoll ist, wird sie leiden. Doch wenn sie realisiert, dass sie Wasser ist, ändert sich die Situation sofort. Als Wasser kümmert sie Anfang, Ende, Emporsteigen, Herabfallen nicht mehr. Sie kann es genießen, emporzusteigen, herabzustürzen, diese Welle oder jene Welle zu sein; es gibt da keine Unterscheidung, keine Angst. Sie muss nicht nach Wasser Ausschau halten. Sie *ist* Wasser im gegenwärtigen Moment.

Unsere wahre Natur wird bezeichnet als: Kein-Anfang, Kein-Ende, Keine-Geburt und Kein-Tod. Wissen wir, wie wir unsere wahre Natur berühren können, gibt es weder Angst noch Wut, noch Verzweiflung. Unsere wahre Natur ist die Natur von Nirvana. Vom Nicht-Beginn an sind wir in Nirvana.

Für uns bedeutet zu sterben im Allgemeinen, dass wir aus etwas plötzlich zu nichts werden, von jemandem plötzlich zu niemand. Wir wissen, dass eine Wolke nicht sterben kann. Eine Wolke kann zu Regen, Schnee oder Hagel werden, sie kann in einen Fluss verwandelt und schließlich zu Tee oder Saft werden, aber es ist unmöglich, dass eine Wolke stirbt. Die wahre Natur der Wolke ist Nicht-Geburt und Nicht-Tod. Wenn jemand Ihnen Nahestehendes gestorben ist, dann schauen Sie nach ihm oder ihr in der neuen Manifestation. Es ist unmöglich, dass er stirbt. Und auch sie wird in vielfältiger Weise weiterexistieren. Mit den Augen des Buddha können Sie ihn oder sie außerhalb und innerhalb Ihrer selbst erkennen: »Liebste/r, ich weiß, dass du da bist in deiner neuen Form.«

Vor unserer Geburt haben wir bereits im Leib unserer Mutter existiert, und davor gab es uns halb in unserer Mutter und halb in unserem Vater. Es kann nicht etwas aus nichts entstehen. Wir sind nicht aus dem Nicht-Sein gekommen. Wir waren schon immer da in der einen oder anderen Form. Unsere Natur ist die von Nicht-Geburt und Nicht-Tod.

Nirvana bedeutet das Verlöschen aller Vorstellungen, einschließlich der Vorstellungen von Geburt und Tod, Sein und Nicht-Sein. Bei der sechzehnten Übung entledigen wir uns all dieser Vorstellungen, lassen sie alle gehen, um vollkommen frei zu sein.

Übung

Ein Brief von Ihrem inneren Kind
(von *Glen Schneider*)

Bei dieser Übung werden zwei Praktiken verbunden: das Schreiben eines Briefes und das Zuhören, was das Kind zu sagen hat. Es ist dabei hilfreich, das Kind zu fragen: »Wie hast du dich gefühlt?«, statt sich alle Details dessen, was Ihnen als Kind geschehen ist, wieder ins Gedächtnis zu rufen. Und auch zu fragen: »Was möchtest du jetzt von dem Erwachsenen, der wir geworden sind?«

Dann schreiben Sie den Brief, von dem Sie glauben, dass das innere Kind ihn schreiben würde. Dieser kann aus einer sehr langen Liste bestehen, mit der Sie arg beschäftigt sein werden. Einige der Dinge, die mein kleiner Junge wollte, waren ein Kuscheltier zum Einschlafen, ein Orangenfruchteis, eine Swanson's-Frozen-Chicken-Pie-Mahlzeit (und das, wo ich Vegetarier bin!), und ich sollte mich wieder mit einem Lieblingsvetter in Verbindung setzen, den ich seit über dreißig Jahren nicht mehr gesehen hatte.

Nehmen Sie einfach Stift und Papier und schreiben Sie, was Ihnen in den Sinn kommt. Kümmern Sie sich nicht um die Form, schreiben Sie einfach. Es geht darum, ein Gespräch in Gang zu bringen.

Ich habe fast alles getan, was auf der Liste meines kleinen Jungen stand, und seither fühle ich mich sehr viel gefestigter und glücklicher in einem wirklich tiefen Sinn.

Übung

Die Fünf Erdberührungen

Die Übung der »Erdberührungen«, auch als tiefe Verbeugungen oder Niederwerfungen bekannt, hilft uns, zur Erde und zu unseren Wurzeln zurückzukehren und zu erkennen, dass wir nicht allein sind, sondern dass wir mit einem ganzen Strom an spirituellen und leiblichen Vorfahren sowie Vorfahren unseres Landes verbunden sind. Wir berühren die Erde, um die Vorstellung loszulassen, dass wir getrennt sind, und um uns daran zu erinnern, dass wir Erde sind und ein Teil des Lebens.

Wenn wir die Erde berühren, atmen wir alle Stärke und Stabilität der Erde ein und auch die unserer blutsverwandten, spirituellen Ahnen und Vorfahren unseres Landes; und wir atmen unser Leiden aus – unsere Gefühle der Wut, des Hasses, der Angst, des Unzulänglichkeit und der Trauer.

1. *In Dankbarkeit verbeuge ich mich vor allen Generationen meiner Vorfahren der leiblichen Familie.*

Ich sehe meine Mutter und meinen Vater, deren Blut und deren Lebensenergie durch meine Adern zirkulieren und jede meiner Zellen nähren. Durch sie erkenne ich meine vier Großeltern. In mir trage ich das Leben, das Blut, die Erfahrung, die Weisheit, das Glück und die Sorgen und Nöte aller Generationen. Ich öffne mein Herz und meinen ganzen Körper, um die Energie der Einsicht, Liebe und Erfahrung, die mir von all meinen Vorfahren übertragen wurde, zu empfangen. Ich weiß, dass Eltern ihre Kinder und Enkelkinder immer lieben und unterstützen, obgleich sie, aufgrund der Schwierigkeiten, denen sie selbst ausgesetzt waren, nicht immer in der Lage sein mögen, das auf geschickte Weise zum Ausdruck zu bringen. Als Fortführung meiner Vorfahren verbeuge ich mich tief und lasse ihre Energie mich durchströmen. Ich bitte meine Vorfahren um ihre Unterstützung, ihren Schutz und ihre Stärke.

2. *In Dankbarkeit verbeuge ich mich vor allen Generationen meiner spirituellen Familie.*

Ich erkenne meine Lehrerinnen und meine Lehrer in mir – die, die mir den Weg der Liebe und des Verstehens gewiesen haben, die mir gezeigt haben, wie man atmet, lächelt, vergibt und tief im gegenwärtigen Moment lebt. Ich öffne mein Herz und meinen Körper, um die Energie des Verstehens und der liebenden Güte zu empfangen, den Schutz der Erwachten, ihrer Lehren und den der praktizierenden Gemeinschaften so vieler Generationen. Ich gelobe, das Leiden in mir und in der Welt zu transformieren und seine Energie an zukünftige Generationen zu übertragen.

3. *In Dankbarkeit verbeuge ich mich vor diesem Land und allen Vorfahren, die es aufgebaut haben.*

Ich sehe, dass ich beschützt und genährt bin von diesem Land und allen Lebewesen, die hier lebten und durch all ihre Anstrengungen das Leben für mich einfacher und überhaupt erst möglich gemacht haben. Ich sehe mich all die Menschen berühren, die wussten, wie sie in Frieden und Harmonie mit der Natur leben und die Berge, Wälder und Tiere schützen konnten. Ich spüre, wie die Energie dieses Landes meinen Körper und meine Seele durchdringt, mich unterstützt und akzeptiert. Ich gelobe, meinen Teil dazu beizutragen, die Gewalt, den Hass und die Verblendung zu verwandeln, die noch immer tief im kollektiven Bewusstsein dieser Gesellschaft liegen, damit künftige Generationen mehr Sicherheit, Freude und Frieden erfahren werden. Ich bitte dieses Land um seinen Schutz und seine Unterstützung.*

4. In Dankbarkeit und Mitgefühl verbeuge ich mich und übertrage meine Energie denen, die ich liebe.

Alle Energie, die ich empfangen habe, möchte ich jetzt an meinen Vater, meine Mutter und an alle, die ich liebe, übertragen – an alle, die meinetwegen und um meines Wohles willen leiden und sich sorgen mussten. Ich möchte, dass sie alle gesund und voller Freude sind. Ich bete, dass alle Vorfahren meiner spirituellen, meiner leiblichen Familie sowie der Familie meines Landes ihre Energien auf sie ausrichten, um sie zu schützen und zu unterstützen. Ich bin eins mit denen, die ich liebe.

5. In Dankbarkeit und Mitgefühl verbeuge ich mich und versöhne mich mit allen, durch die ich Leid erfuhr.

Ich öffne mein Herz und sende meine Energie der Liebe und des Verstehens an alle, durch die ich Leiden erfuhr, an alle, die mein Leben wirklich beeinträchtigt haben, sowie das Leben derer, die ich liebe. Ich weiß, dass diese Menschen selbst sehr viel Leid erfahren haben und dass ihre Herzen übervoll mit Schmerz, Wut und Hass sind. Ich bete, dass sie verwandelt werden und Lebensfreude erfahren, sodass sie sich und anderen nicht weiter Leid zufügen. Ich erkenne ihr Leiden und will keinerlei Gefühle des Hasses oder des Zorns mehr gegen sie hegen. Ich möchte

---

* Fügen Sie hier die Namen der Vorfahren ein, die für das Land, in dem Sie praktizieren, maßgebend und wichtig waren.

nicht, dass sie leiden. Ich leite meine Energie der Liebe und des Verstehens an sie weiter und bitte all meine Vorfahren, ihnen zu helfen.

Übung

Friedensnotiz

Haben wir uns über jemanden aufgeregt oder sind wütend, müssen wir es ihr oder ihm innerhalb von vierundzwanzig Stunden sagen. Sind wir sehr durcheinander und aufgewühlt und fühlen uns nicht imstande, ihm oder ihr das in liebevoller Weise mitzuteilen, können wir auch vor Ablauf der vierundzwanzig Stunden eine Friedensnotiz schreiben und abliefern.

Friedensnotiz

Datum:
Zeit:
Liebe/r

Heute Morgen (Nachmittag, Abend) hast Du etwas gesagt (getan), das mich sehr wütend gemacht hat. Ich habe sehr gelitten. Ich möchte, dass Du das weißt. Du hast gesagt (getan):

Bitte lass uns beide genauer anschauen, was Du gesagt (getan) hast, und die Angelegenheit in ruhiger, offener Weise am nächsten Freitagabend näher untersuchen.

Dein/e gerade nicht sehr glückliche/r

Übung

Neubeginn

Wir können den Neubeginn mit unserer Familie oder unserer Übungsgemeinschaft praktizieren, aber auch mit einem einzelnen Menschen, mit dem wir Probleme haben. Wir können den Neubeginn sogar mit uns selbst üben. In Plum Village praktizieren wir den Neubeginn jede Woche. Wir sitzen im Kreis, und in der Mitte steht eine Vase mit frischen Blumen. Wir folgen unserem Atem, während wir darauf warten, dass die anleitende Person beginnt. Die Zeremonie beinhaltet drei Teile: Es werden »die Blumen gegossen«, Bedauern zum Ausdruck gebracht sowie Verletzungen und Schwierigkeiten angesprochen. Durch diese Praxis verhindern wir das Anstauen verletzter Gefühle über Wochen hinweg, und sie ist hilfreich, damit alle in der Gemeinschaft die Situation dort als stabil und sicher erleben.

Wir beginnen mit dem »Gießen der Blumen«. Ist jemand aus der Runde bereit zu sprechen, legt sie die Handflächen zusammen, und die anderen tun das auch, um zu zeigen, dass sie das Recht hat, jetzt zu sprechen. Sie erhebt sich, geht langsam zu den Blumen, nimmt die Vase in die Hand, kehrt zu ihrem Sitz zurück und setzt sich hin. Spricht sie dann, so spiegelt sich in ihren Worten die Frische und Schönheit der Blumen vor ihr. Während des »Blumengießens« wertschätzt sie zunächst die heilsamen, wundervollen Qualitäten der anderen. Dabei flunkert sie nicht, denn wir sagen stets die Wahrheit. Jeder hat seine starken Seiten, die im Gewahrsein sichtbar werden. Niemand unterbricht die Sprechende; sie hat so viel Zeit, wie sie braucht, während alle anderen tiefes Zuhören praktizieren. Am Ende steht sie auf und stellt die Vase wieder in die Mitte des Kreises zurück.

Wir dürfen diesen ersten Schritt des »Blumengießens« nicht unterschätzen. Vermögen wir die guten Eigenschaften in anderen zu sehen, können wir kaum noch an unseren Gefühlen der Wut und des Grolls festhalten. Wir werden auf ganz natürliche Weise weicher, unsere Wahrnehmung weitet sich und schließt mehr die ganze Wirklichkeit ein. Sind wir nicht länger in falschen Wahrnehmungen, in Ärger und Urteilen verstrickt, können wir viel leichter einen Weg der Versöhnung mit den Menschen aus unserer Gemeinschaft oder Familie finden. Liebe und Verstehen zwischen den Mitgliedern der Gemeinschaft wiederherzustellen, das ist die Essenz dieser Übung.

Im zweiten Teil der Übung drücken wir unser Bedauern aus über alles, was wir getan haben, das andere verletzt hat. Es braucht manchmal nicht mehr als eines gedankenlosen Satzes, um jemanden zu verletzen. Die Neubeginn-Zeremonie gibt uns die gute Gelegenheit, uns an einiges Bedauernswerte aus dieser Woche zu erinnern und es ungeschehen zu machen.

Im dritten Teil der Zeremonie sprechen wir von Verletzungen, die andere uns zugefügt haben. Entscheidend ist, dass wir dabei unser liebevolles Sprechen bewahren. Wir wollen die Gemeinschaft heilen, ihr nicht schaden. Wir sind ganz offen, aber wir wollen dabei nicht destruktiv sein. Meditatives Zuhören ist ein wichtiges Element der Übung. Unser Sprechen wird in einem Kreis von Freundinnen und Freunden, die sich alle in tiefem Zuhören üben, um vieles schöner und konstruktiver. Wir klagen niemals an oder streiten uns.

Beim letzten Teil der Zeremonie ist mitfühlendes Zuhören entscheidend. Wir lauschen dem, was der andere über seine Verletzungen und Schwierigkeiten sagt, und sind willens, sein Leiden zu lindern, ihn nicht zu beurteilen oder mit ihm zu streiten. Wir hören mit all unserer Aufmerksamkeit zu. Selbst wenn etwas Unwahres gesagt wird, hören wir weiter ganz genau zu, damit die andere Person ihren Schmerz zum Ausdruck bringen und so ihre Spannungen lösen kann. Erwidern wir etwas oder korrigieren sie, wird die Übung keine Früchte tragen. Wir hören einfach nur zu. Einige Tage später können wir ihr, falls das nötig ist, ruhig und in privatem Rahmen sagen, dass ihre Wahrnehmung uns nicht richtig erscheint. Bei der nächsten Neubeginn-Zeremonie wird sie dann vielleicht ihren Irrtum richtigstellen, und wir müssen nichts mehr sagen.

Die Zeremonie schließen wir ab mit einem Lied, oder wir halten uns an den Händen und atmen für eine Minute zusammen.

Übung

Emotionale Befreiung und Körperbewegung
(von *Thay Phap An*)

Manchmal kommen während der Meditation, wenn wir nach den Wurzeln unserer oberflächlichen Aufregungen und Anhaftungen suchen, schon nach kurzer Zeit intensive Bilder aus der Kindheit in uns hoch. Sehr wichtig ist es, der physischen Seite in diesen Momenten gewahr zu werden. Unser Körper bebt und zittert vielleicht, und wir haben Weinkrämpfe – ein Schluchzen, das mehrere Minuten oder sogar länger andauern kann. Diese emotionale Befreiung erleben wir meist als sehr heilsam, und nach einer Weile spüren wir vielleicht schon Erleichterung, und es stellen sich wichtige Einsichten ein. Mit der Zeit fühlen wir uns viel freier.

Dieser Prozess, das Leiden rauszulassen, ist sehr gut. Weinen und den eigenen Gefühlen Luft zu machen, ist etwas sehr Heilsames. Kommt zum ersten Mal etwas in uns hoch, liegt die Heftigkeit vielleicht bei zehn auf einer Skala von eins bis zehn, wobei zehn die stärkste Stufe ist. Beim nächsten Mal wird sie vielleicht bei acht liegen, dann bei sechs, bei vier und weiter bis zur schwächsten Intensität. Haben wir alle Energie freigelassen, werden wir tief schauen und tief verstehen können, und dies ist die Geburtsstunde wahrer Liebe. Wir werden nicht länger wütend sein und können den Menschen, der uns so tief verletzt hat, wirklich lieben und verstehen.

Es ist wichtig, in diesem Prozess des Rauslassens und

Entäußerns nicht stecken zu bleiben oder sich in das enthüllte Leiden zu verstricken. Gut ist es, nach dem Muster zu schauen, das die Dinge in uns aufkommen lässt. Es muss ein natürlicher Prozess sein. Wahre Heilung geht mit wahrem Verstehen einher.

Diese intensiven Energien können sich in unserem Körper oder in bestimmten Organen ablagern: den Nieren, der Leber oder dem Herzen. Nachdem sie freigelassen wurden, sind der Körper und die Organe sehr verletzlich und nicht im Gleichgewicht. Es ist dann sehr wichtig, sich um sie zu kümmern und den Energiefluss durch Körperübungen wie Tai-Chi oder Qi-Gong wieder in richtige Bahnen zu lenken, damit der Körper heilen kann.

THICH NHAT HANH

Mein Leben ist meine Lehre

Autobiografische Geschichten und Weisheiten eines Mönchs

Thich Nhat Hanh erzählt viele bisher nicht bekannte Episoden seines Lebens und verbindet sie mit der Weisheit des Buddhismus. Als junger Mönch erlebte er den Krieg, woraus die von ihm gegründete Bewegung des engagierten Buddhismus entstand. Er begegnete vielen großen Persönlichkeiten wie Martin Luther King jr., der ihn für den Friedensnobelpreis vorschlug. Sein Wirken als großer Lehrer verdeutlicht auf beeindruckende Weise, was ein Einzelner in dieser Welt bewirken kann.

Seine Art zu denken, zu reden und zu handeln ist eine Quelle der Inspiration für unsere moderne Zeit.

O.W. BARTH